고양이 지기의
행복한 비밀상담소

AGIR ET GRANDIR COMME UN CHAT
By Stéphane Garnier

Text: ⓒ 2019, Albin Michel Jeunesse / Éditions de l'Opportun
Illustrations: ⓒShutterstock, Victoria Arbuzova / Magwen (Sebastien Hardy)
Korean Translation ⓒ Mirae Times Publishing Co.
"Published by special arrangement with Les Éditions Albin Michel & Les Éditions
de l'Opportun in conjunction with their duly appointed agent 2 Seas Literary Agency
and co-agent Icarias Agency"

이 책의 한국어판 저작권은 2 Seas Literary Agency 와 Icarias Agency 를 통해
Albin Michel Jeunesse / Éditions de l'Opportun와 독점 계약한 도서출판 미래타임즈에 있습니다.
저작권법에 의하여 한국 내에서 보호를 받는 저작물이므로 무단 전재와 복제를 금합니다.

자유롭고, 자신감이 넘치며, 독립적이고,
참을성이 많고, 평온하며
행복한 고양이!

고양이 지기의
행복한 비밀상담소

스테판 가르니에 지음 • 양진성 옮김

미래타임즈

세상의 모든 어린 '고양이들'에게,

여러분이 곧 미래이며,

내일입니다.

조카 어원과

어원의 반려묘 모지토를

각별히 생각하며.

차례

- **15** 고양이 이야기를 시작하기 전에
- **17** #1 고양이의 말!
  청소년 여러분에게
- **27** #2 인기짱이 되고 싶다고요?
  그렇게 사는 건 너무 피곤해요!
- **37** #3 너무 소심하다고?
  고양이가 바꿔 줄게!
- **45** #4 자신을 받아들이기?
  딱 내 이야기네!
- **57** #5 걱정하지 마!
  다 잘 될 거야!
- **65** #6 자유로워지고 싶다고?
  천천히 가도 늦지 않아!

75 #7 휴대폰을 꺼 놓으라고?
재밌어 죽겠는데!

85 #8 친구들하고만 지낸다고?
안 그래도 괜찮아!

93 #9 승부욕?
열심히 해 볼까, 말까?

103 #10 새로 이사 온 친구가 이상하다고?
극복할 수 있을 거야!

115 #11 친구들이 때로는 골칫거리!
그 애는 나한테 왜 그럴까?

123 #12 도와줘!
그럼 좀 나아질 거야!

131 #13 복수?
그건 아무런 도움이 되지 않아!

141 **#14 집에서**
이거 해라, 저거 해라!

151 **#15 거짓말쟁이?**
그만 좀 해!

163 **#16 사랑? 다 잘 될 거야!**
하지만 먼저 다가가!

173 **#17 나의 미래?**
하고 싶은 게 있어!

185 **#18 고양이처럼 사는 것?**
고양이는 그럴 만한 가치가 있지!

195 고양이는 늘 마지막 말을 남긴다!

200 저의 바람은…….

고양이 이야기를 시작하기 전에

　여러분처럼 저도 아홉 살, 열 살, 열한 살, 열두 살, 열세 살, 열네 살일 때가 있었어요. 지금 여러분이 그렇듯 저도 그때는 시간이 정말 느리게 흐르는 것 같았죠. 그날이 그날 같고, 다 똑같아 보였어요. 그러다 어느 날 가령, 수업 시간에 교실을 옮겨 다니거나 이사를 가거나 어떤 변화가 생기면 시간이 순식간에 지나가 버려요. 모든 게 갑자기 변한 것 같지만 실제로 변하는 것은 별로 없지요. 적응하고 함께하는 시간이 필요할 뿐이죠.

　그런 시기를 보낼 때 함께했던 여러 고양이는 자연스럽게 제 인생의 반려묘, 저의 가장 친한 친구가 되었어요. 저는 항상 고양이들이 제 말을 듣고 이해할 줄 안다고 생각했어요. 그건 일종의 확신이었죠.

　저는 쓸데없이 걱정을 많이 하는 편이었어요. 제 첫 고양이가 가르쳐 준 사실이죠. 함께 놀면서 그 고양이는 제가 앞으로 벌어질 일을 걱정하거나 수업 시간에 앞에 나가 발표해야 해서 긴장할 때면 저를 안심시켜 주었어요. 저는 무슨 일이 있을 때 미리 걱정을 많이 하는 편이었는데 저도 그런 점이 싫었어요. 그런데 일을 끝내고 저녁에 집에 돌아가면 고양이가 눈을 깜빡이며 저를 뚫어져라 쳐다보는 거예요. 마치 이렇게 말하는 것처럼요. "봐, 결국 잘 지나갔잖아!"

저는 고양이를 통해 조금씩 배워 나갔어요. 두려워하지 않고, 귀 기울이고, 나 자신을 드러내고, 내가 좋아하는 일을 하고, 필요할 땐 도움을 요청하고, 나 자신을 믿고, 내일의 내 삶에 대해 생각하는 법을요.

고양이들은 정말 마법같이 놀라운 존재예요. 그 존재를 절대로 의심하지 마세요. 무언가를 간절히 원하면 갑자기 온 우주가 그 소망이 실현되도록 힘을 모아 돕기 시작해요. 시간은 좀 걸릴지 몰라도요.

여러분의 삶에서 이 마법의 고양이와 만날 기회가 한 번도 없었다면 이제 저의 15년 차 반려묘인 지기를 소개할 때가 된 것 같네요.

고양이가 잘 사는 비결이 무엇인지 알고 싶지 않나요? 행복의 비밀은 무엇일까요? 삶의 비밀은 무엇일까요? 자, 이제 그 비밀을 찾아 출발해 볼까요!

#1 고양이의 말!
청소년 여러분에게

청소년 여러분, 사랑합니다! 여러분은 내일의 어른, 미래의 어른이니까요. 여러분을 사랑합니다. 앞으로 열릴 세상을 만들어가는 건 바로 여러분이에요.

아직은 아닐지 몰라도 때로는 자기 자신에 대해 의심이 들지도 몰라요. 하지만 누가 뭐래도 새로운 세상의 주인공은 바로 여러분이랍니다. 그렇게 되려면 지금부터 '어른들'이 꼭 가르쳐주지는 않는 지식을 습득하고 더 성장하고 배우고, 무기를 갖춰야 해요.

어른들은 때로 확신이 너무 강해서 더 나은 삶을 살려면 행동을 바꿔야 한다고 설득하기가 정말 어려워요. 하지만 여러분은 어른들과 달리, 바로 오늘부터 더 나은 삶을 살 수 있는 능력과 힘, 정신적 유연성이 있어요. 이 책은 바로 그런 목적으로 여러분을 위해 쓰였어요. '오늘부터 행복해지는 방법.'

어떻게요? 실수를 피하고 시간 낭비를 줄이고 우리 고양이들의 생활 방식에서 영감을 얻는 거예요. 고양이들은 여러분이 생각하는 것보다 훨씬 많은 지식을 갖고 있어요. 삶에 대한 지식, 인간에 대한 지식, 여러분에 대한 지식.

제 이름은 지기예요. 길고양이 혈통에 다리 하나가 없죠. 몸무게는 6킬로그램, 친절과 사랑, 섬세함을 갖췄죠. 내 명민한 두뇌는 여러분도 얼마든지 이용해도 좋아요. 금세 피부로 느낄 수 있고 일상생활에서, 삶에서 느낄 수 있는 재치를 여러분에게 줄게요. 실제로 행복해질 수 있도록!

그래요, 지금 여러분에게 말하고 있는 나는 고양이랍니다!

약간의 설명을 덧붙이자면 저는 정확히 사나리-쉬르-메르 남쪽에 살고 있어요. 프랑스 남부 해변, 태양, 바다와 매미. 고양이로서 만족스러운 삶을 살고 난 후, 해변에서 크레페를 만드는 인생은 어떨 것 같아요?

저는 리옹을 떠난 후, 스테판과 함께 이곳에 정착했어요. 소나무들로 둘러싸인 작고 귀여운 집이에요. '빌라-클럽'이라고 부르는 곳인데 아이들은 한가운데 있는 광장에 모여서 놀아요. 아이들은 그곳을 '바캉스 빌라-클럽'이라고 불러요.

아! 그래서 그런지 남부의 곤(리옹 지역에서는 아이들을 '곤'이라고 불

러요!)들은 나이가 들기도 전에 위궤양에 걸릴 위험 따윈 없어 보여요. 뭐, 그 나이대에는 지극히 정상적인 일이죠. 우리는 곤들을 '미노'라고 부르는데 그건 좀 웃겨요. 1721년에 처음 그 말이 생겼을 때는 '미노minot'라고 쓰지 않고, 새끼 고양이를 가리키는 '미노minault'라고 썼거든요. 우리가 남부에 자리를 잡은 건 그 말에 끌렸기 때문이기도 해요.

아이들은 매일 하루가 끝날 때마다 벤치에 모여 다 함께 시간을 보냈고, 저는 작은 숲에 숨어서 몰래 아이들을 엿봤어요. 밤이 되면 아이들을 따라가 보았죠. 놀랍게도 방 창문을 통해 들여다본 아이들은 무언가를 기다리거나 한숨을 내쉬거나 어떤 대답을 찾고 있었어요.

매미 소리에 젖어 든 태양 아래 있을 때와 다르게 이 어린아이들은 지루해 보였어요. 걱정도 있어 보였고, 부모와의 문제, 양부모와의 문제, 학교 문제 등에 짓눌리고 있었어요. 다른 사람들이 분위기를 장악하면 소극적으로 변해 거의 말을 하지 않는 아이도 있었죠. 또 어느 아이들은 몽상에만 빠져 있고 미래를 대비하는 방법은 모르는 것 같았어요. 조용한 것도 괜찮고 학교 성적을 걱정하는 것도 괜찮아요. 매일매일 일상에서 감당해야 할 걱정거리는 누구에게나 생기는 법이고, 그 걱정을 친구들과 함께 나눌 수도 있으니까요. 하지만 친구가 있어도 대부분은 다른 사람에게 모든 것을 이야기하지 않아요. 부끄러워서 그럴 수도 있고 너무 개인적인 이야기를 하기가 두렵기도 하니까요.

지기의 등장

그래서 몇 주 동안은 아이들의 이야기를 듣기만 하다가 어느 날, 이제 이 지기가 전면에 나서야겠다고 결심했어요. 조용히 그 아이들이 모여 있는 곳으로 다가가 몇 미터 떨어진 곳에서 아이들 앞에 섰죠. 몽상가 레아가 처음으로 벤치에서 내려와 천천히 다가오더니 저를 쓰다듬었어요. 그러자 그레그가 와서 말했어요. "난 원래 이런 거 안 하는데." 그다음에는 릴리의 차례였죠. 심지어 그때까지 벤치에 딱 붙어 있던 잘생긴 마트까지도요. 이 작은 광장에서 언제까지나 유일한 스타라고 할 수 있는 마트가 옆에 쭈그리고 앉아 제

귀 뒤를 긁어 주었어요.

며칠이 지나자 저는 아이들의 마스코트가 되었죠. 가르랑거리거나 아이들의 무릎과 어깨 위를 옮겨 다니고 쓰다듬는 손길에 몸을 맡기며 시간을 보냈어요. 그러면서 계속 아이들의 걱정거리와 이야기에 귀 기울였어요.

고양이로서의 나의 비밀

저는 그 아이들을 도와주고 고양이로서의 제 삶의 비밀을 들려주고 싶었어요……. 그런데 이 아이들이 과연 저를 믿어 줄까요? 말하는 고양이가 존재한다는 사실을 과연 믿을까요?

그날 저녁, 밤이 저물자 즐겁게 놀던 아이들이 집으로 돌아가려고 자리에서 일어났어요. 그때 제가 벤치 위로 뛰어오르며 말했어요.

"잠깐만."

아이들은 갑자기 얼어붙어 꼼짝하지 못했고 어디서 나온 목소리일까 생각하면서 서로의 얼굴만 쳐다보았어요. 제가 다시 한번 말했어요.

"잠깐만."

그때 릴리가 저라는 걸 알아차렸어요. 릴리가 저를 손가락으로 가리키자 모두의 시선이 제게 쏠렸어요.

그레그가 더듬거리며 말했어요.

"너……말할 수 있어?"

"정말 말할 수 있어? 그냥 한두 단어 흉내 내는 게 아니고?"

도리앙이 수줍게 말했어요.

"난 도리앙이야, 너는?"

"난 지기야. 넌 마트, 넌 레아, 넌 그레그, 클로에, 릴리 맞지……? 난 너희를 모두 알아!"

클로에가 머뭇거리며 말했어요.

"하지만 어떻게 그럴 수 있지……?"

"너희가 믿기만 한다면 얼마든지 가능해. 참, 그리고 누구한테도 이 사실을 발설하면 안 돼."

마트가 무리의 대표로서 나서서 말했어요.

"그건 걱정하지 마! 그런데 우리한테 바라는 게 뭐야?"

"내가 바라는 거? 아무것도 없어! 너희에게 필요할 때 독설을 하는 정도랄까."

도리앙이 놀라서 물었어요.

"독설? 어떻게? 뭐에 대해서?"

"너희도 알겠지만 나는 슈퍼캣이야! 내가 유일한 슈퍼캣은 아니지만. 다른 고양이들도 마찬가지야. 너희에게 의지만 있다면 슈퍼히어로가 될 수 있도록 내가 몇 가지 요령을 가르쳐 줄게."

도리앙이 킥킥거리며 말했어요.

"그래, 물건 훔치고, 불덩이 폭탄 던지는 법 가르쳐줘!"

"난 그런 건 가르쳐 주지 않아. 하지만 너만 원하면 그동안 너에 대해 알아본 대로, 네게 부족한 부분을 채우고, 널 두렵게 하는 것과 싸우는 법을 가르쳐 줄 수 있지. 그런 건 우리 고양이들이 잘 알고 있거든."

아이들은 눈을 껌뻑껌뻑 감았다 떴어요.

"생각할 시간을 줄게! 내가 필요하다면 언제든 너희 곁에 있을 거야. 난 너희들이 어디에 사는지 알고 있고, 심지어 어떤 게 너희 방 창문인지도 알아. 창문 두드리는 소리가 들려도 너무 놀라지 마. 모두 좋은 하루 보내렴!"

아이들이 소리쳤어요.

"잘 가, 지기!"

저는 아이들이 각자 소원을 이야기하며 멀어지는 모습을 지켜보았어요. 내일은, 그리고 다가올 날들은 아이들이 웃음을 띠고 꿈을 좇을 수 있기를, 멋진 순간들만 가득하기를 기원했어요.

고양이를 보고 배워요!

고양이가 도와줄 거예요!
소원을 빌고! 이 고양이를 믿어 보세요!

이봐요, 전 세계의 모든 꼬맹이, 녀석들, 젊은이, 어린애, 기타 등등.
여러분 인생에서 슈퍼히어로가 되고 싶은가요?
그렇다고요? 그럼 저를 따라오세요!
새끼 고양이에서 어른 고양이가 되기 위해!
잘 살고 행복하게 살기 위해
꼭 필요한 슈퍼 프로그램을 제안합니다!
고양이처럼 행동하고 성장하기 위해!

#2 인기짱이 되고 싶다고요?
그렇게 사는 건 너무 피곤해요!

첫 방문 '상담'을 위해, 저는 마트의 집을 방문했어요.

멋지고 유행에 민감한 마트는 아무도 부럽지 않아요. 마트는 동네 아이들 모임에서도 학교에서도 인기가 최고지요!

적어도 마트는 그렇게 생각해요!

절대 못되게 굴지도 않고 친구들에게 항상 친절하게 대해요. 하지만 항상 너무 억지스러워요! 고양이한테는 절대 안 그러면서!

마트 곁에는 항상 수많은 친구가 있어요. 하지만…….

아! 저기 마당을 '확인해 봐요!' 아무 문제 없어 보이죠! 하지만 정말 마트가 저 아이들을 다 친구라고 생각할까요? 저 아이들은 왜 마트 옆에 붙어 있을까요? 좋은 이유에서일까요? 아니면 나쁜 이유에서?

그렇게 살면 너무 피곤하지 않나요? 이제 보면 알겠죠!

인기를 얻으려고 멋지게 꾸미고 다니나요?
아니면
카리스마를 가지려고 노력하나요?

"아주 큰 고양이일 수도 있고, 작은 호랑이일 수도 있어."
_해리 포터

저는 건물 4호에 사는 마트네 집에 가서 창문을 발로 두드리며 저의 존재를 알렸어요. 그러고는 문이 열리기를 기다렸죠.

창문 너머로 본 마트는 평소처럼 멋진 차림이었어요.

"안녕, 마트!"

"안녕, 지저분한 고양이!"

"다정하기도 하지! 별일 없냐, 꼬맹아?"

"자, 들어와, 지기. 나 머리를 자르고 젤도 좋은 거 사 놨어. 기다려 봐!"

"머리는 또 자랄 텐데! 그보다 뭐 먹을 거 없어? 나 송곳니 근질

근질한데!"

"부엌에 가 봐. 엄마가 개수대 옆에 햄 접시를 놔뒀을 거야. 나도 곧 갈게……."

몇 분 후, 기름진 햄을 열심히 먹고 있는데, 마트가 부엌으로 들이닥치며 말했어요.

"짜잔! 이것 봐!"

제가 수염을 핥으며 말했어요.

"그래, 머리를 했구나!"

"완전 세련되고 멋지지, 응?"

"새로 유행하는 이로쿼이 인디언 스타일이야? 아니면 어릿광대 학교에 입학할 생각이라도 있는 건가? 아니면 논두렁에서 비둘기 쫓아낼 일이라도 있는 건지!"

"넌 아무것도 몰라! 난 최고라고, 이 털북숭이! 내 새 모자 봤어? 이 스니커즈랑 잘 어울리지 않아? 너무 스타일리시한가?"

"그래, 멋지다! 켁!"

"너 오늘 왜 그래?"

"마트, 나한텐 그런 거 필요 없어! 그딴 거 주렁주렁 매달지 않아도 모두 날 좋아하니까!"

"꺼져! 가서 네 볼일이나 봐!"

"그러지 마! 많은 사람이 필요하다고 말하지 않아도 항상 다가

오지. 너도 알잖아?"

"뭐?"

"내가 마을을 돌아다니면 모두 몸을 숙여서 날 부르면서 쓰다듬어. 하지만 **난** 말야, 사람들의 그런 대우를 받으려고 애쓴 적은 단 한 번도 없어!"

"**넌,** 어떻게 그럴 수 있어? 하고 싶은 말이 뭐야?"

"전부 새 옷으로 '차려입거나' 일부러 불량한 말투를 쓸 필요 없다는 말이야! 심지어 '야옹' 하고 소리 낼 필요도 없어! 아무것도 필요치 않아! 그냥 내가 가서, 짠하고 나타나면 모두 내 곁으로 몰려들어. 왜 그런 줄 알아? 카리스마 때문이야. 원래 카리스마가 있어서 사람들이 몰려드는 것과 일부러 멋져 보이려고 꾸며서 사람들이 몰려드는 것은 아주 다르거든."

"카리스마라고? 무슨 얘길 하는 거야. 내 스타일은 아주 근사해!"

"그래, 아주 근사하지! 하지만 마트, 이건 그런 문제가 아냐. 네 주변으로 사람들을 끌어들이려고 요령을 부리지만 않으면 넌 훨씬 더 '근사한 사람'이 될 거야."

"난 친구 사귀려고 노력할 필요 없어. 그런 건 꼴불견이야. 학교에서 내가 얼마나 인기가 많은데!"

"너한테 '인기가 아주 많다'라는 게 어떤 건데? 너, 네가 '친구'라고 말하는 그 애들한테 입이 떡 벌어지도록 멋진, 엄마가 사준 새 물건을 보여 주지 않고 일주일이라도 그냥 지내본 적 있어?"

"글쎄…… 아니……."

"상관없어. 이번에 딱 한 번만 그렇게 해 봐. 그러고 나서 어떤지 보자고……."

"뭘 보자는 거야, 지기?"

"네가 그렇게 '스타일리시'하지 않을 때도 전과 똑같이 인기가 많은지 보자는 거야……."

"야, 너 그걸 말이라고 하냐? 내기할까?"

"네가 원한다면! 내가 이기면 정어리 통조림 하나."

"좋아! 일주일 후에 얘기하자고."

"그래, 마트! 좋아!"

며칠 후, 저는 마트를 다시 보러 갔어요. 마트는 약속을 지키고 제가 시킨 대로 했어요. 차림새도 가벼워졌고 머리끝에서 발끝까지 새 옷은 하나도 걸치지 않았어요.

마트가 일주일 동안 어떻게 지냈는지 아세요? 마트가 제게 들려준 대로, 자칭 친구라던 많은 아이와 마트 사이에는 약간 거리가 생겼어요. 예를 들면 쉬는 시간이나 학교 앞에서 버스를 기다리는 시간에 아이들이 마트와 함께 보내는 시간이 줄었어요. 왜냐하면 일주일 동안 마트는 아이들의 시선을 끌 만한 새 물건을 가져가서 보여 주거나 자랑한 적이 한 번도 없었거든요.

사실 마트는 신상이나 새 옷이나 새 신발이 없으면 다른 아이들에게 충분히 관심을 받지 못할까 두려웠어요. 그래서 비싼 옷과 모자를 사고 미국에 사는 삼촌이 보내준 스마트폰을 가지고 다녔죠……. 마트는 제가 알기로 정말 재미있는 아이예요. 항상 적절

한 말을 사용해 친구들을 웃게 하죠. 지나치게 의심하지만 않는다면, 마트가 친구들에게 보여줄 수 있는 가장 멋진 건 바로 마트 자신이에요!

　마트는 이 작은 시험이 처음 며칠 동안은 너무 힘들었다고 했어요. 여러 친구가 자신에게 덜 관심을 기울인다는 사실을 깨닫고선 말이에요. 하지만 그와 동시에 이번 시험은 두 가지 결론을 끄집어낼 기회였대요. 하나는 자기가 보여준 유행하는 새 물건 때문에 잠깐 관심을 기울였을 뿐인 그냥 아는 애들과 진짜 친구를 구별할 수 있게 되었다는 점이에요. 두 번째는 친한 친구들 옆에 있으면서 웃긴 이야기를 들려주는 자신의 모습을 더 많이 보게 되었고, 사람들에게 멋진 시계를 보여 주는 것보다 그편이 훨씬 더 즐겁다는 사실을 깨달았다는 점이에요.

마트는 타고난 이야기꾼이에요. 말하는 톤을 바꾸고, 짧은 농담도 길게 늘여 재미있게 이야기를 전달하죠. 선생님이나 화내는 이웃집 아저씨 흉내도 기막히게 잘 내요. 정말이지 사람들을 웃기고 즐겁게 하는 데 재주가 있어요. 언젠가는 개그맨이 될지도 모르죠. 누가 알겠어요?

마트는 인기를 얻으려고 인위적으로 꾸미는 것과 카리스마를 갖는 것의 차이점이 뭔지 확실히 배웠어요. 적어도 지금 친구들은 마트가 입은 옷 때문이 아니라 마트라는 사람 때문에 마트 옆에 있다는 점은 확실하잖아요.

이제 알았나요?

고양이를 보고 배워요!

고양이에게는 카리스마가 있어요.
고양이는 아름답고 그 사실을 잘 알아요!
고양이는 모든 이의 관심을 받아요.

사람들의 관심을 끌기 위해서는,
사랑받고 인기를 얻기 위해서는,
여러분의 장점과 자질과 재능을
살리는 것만으로도 충분해요.
인위적인 것을 긁어모으고
다른 사람인 척하는 것보다는
훨씬 효율적이지 않을까요?
꼭 멋진 옷을 입지 않아도 돼요.
멋진 옷을 입어서 멋져 보이는 것과
멋진 행동을 해서 멋져 보이는 것을
혼동하지 마세요.
진짜 그런 것과 그렇게 보이는 것을
혼동하지 마세요.
그러면 여러분은 더 행복해질 거예요.
-고양이의 말

스타일 또는 카리스마?
고양이와의 대화!

연필을 들고, 다음 질문에 솔직하게 대답해 보세요. 그리고 다시 읽어 보세요. 어떤 일들은 오늘 당장 보이지는 앉더라도 소리 없이 나타나는 경우가 있거든요.

🐾 여러분은 어떤 재능, 자질, 재주가 있나요?

....

🐾 여러분을 다른 사람들과 다르게 만드는 점은 무엇인가요?

....

🐾 자연스럽게 사람들의 관심을 끌기 위해, 그리고 자신의 카리스마와 인기도를 높이기 위해 자신의 어떤 점을 부각시킬 수 있을까요?

....

🐾 개성을 강화하기 위해 어떻게 장점을 계발하고, 보여 줄 건가요?

....

"몰라요!"라든가 "그런 거 없어요!"라고 대답하지 마세요. 제가 여러분의 문제를 돌봐 주려고 이렇게 찾아왔잖아요. 우리는 우리에게 카리스마를 심어 줄 작은 재주, 작은 재능을 가지고 있어요. 그것을 찾고 발견하고 키우기만 하면 된답니다!

#3 너무 소심하다고?
고양이가 바꿔줄게!

 이 작은 그룹에서 저는 릴리를 유난히 다정한 눈으로 지켜보았어요. 릴리는 긴 앞머리로 얼굴을 덮고 있었어요. 일부러 눈을 약간 가리려고 하는 것 같았죠.

 릴리는 다른 아이들보다 훨씬 말수가 적었어요. 미소를 짓긴 했지만 약간 억지로 웃는 것 같았어요.

 릴리는 얼굴이 쉽게 빨개지고 항상 친구들이 하는 제안에 늘 '응'이라고 대답했어요. 제가 볼 때는 반드시 그러지 않아도 되는데 말이에요.

 릴리는 안짱걸음으로 걸어가 광장 벤치에 앉더니 커다란 목도리에 얼굴을 파묻었어요.

 릴리는 주변에 사람들이 많고 부산스럽게 움직이고 왁자지껄 떠들 때, 이어폰으로 음악을 들으며 시간 보내기를 좋아해요. 저는 릴리가 주변 세상과 좀 더 소통하면 좋겠다고 생각했어요. 하지만…….

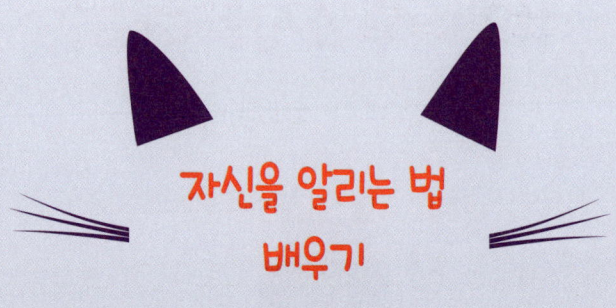

자신을 알리는 법 배우기

"고양이는 대부분 자신을 드러내고 싶을 때 소심하게 행동하지 않는다."
_카르펜 뒤프레 Karpen Duprey

릴리는 동네 아이들과 다른 중학교에 진학해 이번 학기부터 떨어져 다니게 되었어요. 오늘 아침에는 릴리네 학교에 따라가 새 환경에서 어떻게 적응하고 있는지 보기로 했어요.

쉬는 시간을 알리는 종이 울렸어요. 저는 라벤더 수풀 가운데 숨어 릴리가 나오기를 기다렸어요. 친구들이 문을 열고 나오고 곧이어 릴리가 여자아이들 그룹과 몇 미터 떨어져서 뜰로 걸어 나오는 게 보였어요. 여자아이들은 함께 나란히 걸으며 이야기를 나누기 시작했어요. 릴리는 그 아이들 옆에서 속도를 늦췄지만 멈추지는 않고 이어폰을 끼고 계속 걸었어요. 릴리가 제가 있는 곳

앞까지 왔어요.

"휘이잇, 릴리! 휘이잇! 괜찮아?"

"응, 괜찮겠지……."

"혼자 다니는 거야?"

"아니, 아냐. 그냥……. 좀 조용히 있고 싶어서……."

"그래……. 너도 다른 사람들처럼 너무 소심해서 다른 아이들에게 다가가질 못하는 거야. 네가 따라 나온 애들 다들 괜찮아 보이던데."

"응……. 하지만……. 그렇게 단순한 게 아니야. 난 여기 아는 사람이 하나도 없어. 작년까지만 해도 나도 다른 애들이랑 똑같았어. 하지만 부모님이 이 중학교에 등록시키는 바람에……."

"알아! 집사 스테판이 휴가 갈 때 날 데려갈 수 없어서 날 휴가 동안 고양이 집에 보낸 적이 있거든."

"어땠는데?"

"진짜 좋았어! 새로운 친구를 엄청 많이 사귀었어!"

"그래? 어떻게 했는데 그렇게 빨리 친구를 사귀었어?"

"고양이 집에 가보니까 벌써 고양이 그룹이 형성되어 있더라고. 내가 제일 늦게 합류한 거였어. 그중 한 그룹으로 다가가서 세 마리 고양이에게 말했지. '안녕, 얘들아, 난 지기야. 이제 막 여기 들어왔어. 여기 점심시간은 몇 시야? 난 아직 너희를 잘 모르지만 지금 진짜 배고프거든!' 그중에 가장 덩치 큰 고양이가 대답했어.

'여긴 음료는 무료고, 이제 곧 점심시간이야. 과자를 받으려면 저기서 기다려야 해. 여기서 기다리면 줄 설 때 맨 앞에 서기 딱 좋아! 봐, 나온다!'"

"그래서?"

"그 애들이랑 함께 있었지. 나한테 친절하게 대해 주고 정보도 알려 주고 과자 일찍 받는 팁도 알려 줘서 고맙다고 말했어. 며칠 후에 내가 그 애들한테 밤에 몰래 담장 밖으로 나갈 수 있도록 철책에 구멍 난 곳을 알려 주었어. 상부상조하는 거지!"

릴리가 한숨을 내쉬었어요.

"하지만 여기서 점심시간이 몇 시냐고 물어볼 수는 없잖아."

"공통의 화젯거리를 찾아야지. 함께 나눌 수 있고, 저 아이들도 좋아할 만한 거로. 고양이들에게는 그게 음식이었던 거지! 이따가 저 애들한테 가서 물어보는 거로도 충분해. 네가 질문하면 그 애들은 중요한 사람이 돼. 그 애들은 답을 알고 있을 거라고 생각한다는 걸 알려 주는 셈이니까. 분명히 널 도와주고 싶어 할 거야."

"그렇게 생각해?"

"좀 전에 너, 그 애들과 어울리고 싶은데 어떻게 다가갈지 몰라서 망설였잖아. 어떤 질문을 하면 그 애들이 좋아할지 한번 찾아봐. 나머지는 저절로 잘 될 거야. 나만 믿어."

"생각해 볼게……."

"네가 먼저 그 애들에게 신뢰를 보여. 그러면 그 애들도 너에게 신뢰를 보일 거야. 하지만 첫걸음은 네가 떼어야 해. 나중에 보자. 그때 얘기 들려줘."

다음 날 저녁, 다른 아이들이 모여들기 전에 저는 광장에서 함박웃음을 머금고 있는 릴리를 만났어요.

릴리는 기분이 좋아 보였고 앞머리를 귀 뒤로 넘긴 모습이었어요.

릴리는 그 여자아이들 그룹에 다가갈 아주 간단한 방법을 찾았다고 했어요. 릴리의 휴대폰 배터리가 떨어진 거예요! 릴리는 그때 아주 중요한 메시지를 기다리고 있었거든요! 세상에 휴대폰 배터리가 바닥나다니 상상이나 가요? 릴리도 다른 여자애들처럼 그런 일이 자신에게 일어나는 건 참을 수 없었죠. 그 애 중 한 명이 충전기를 빌려주었고 그 일을 계기로, 릴리는 쉬는 시간에 휴대폰을 충전하면서 그 그룹의 아이들과 어울렸어요.

작은 도움을 요청하면서 릴리는 그 아이에게 가치를 부여한 거예요. 어제부터 그 아이는 릴리의 친구가 되었어요. 이제 릴리에게 남은 일은 그 첫 접촉이 우정으로 바뀔 수 있도록 관계를 발전시키고 함께 나누는 거예요.

저는 고양이이긴 하지만 이런 종류의 요령은 인간들과 지내는 데도 도움이 된답니다! 저는 뭔가를 원할 때 저의 집사, 스테판 앞에 가만히 서서 요구를 하죠. 저의 존재를 드러내는 거예요. 그의 앞으로 가서 원하는 것을 말하고 강조하는 거죠!

고양이를 보고 배워요!

고양이는 존재감을 드러낼 줄 알며 자신감이 있어요.

타인의 앞에 서는 건 그다지 복잡하지 않아요.
첫발을 내디디고
함께할 수 있는 것을 나누면 돼요.
여러분이 그들에게 다가가려 한다는 사실조차
그들이 깨닫지 못하고 있을 때,
유일한 방해물은 수줍음이에요.
그들이 여러분을 환영하지 않는 게 아니라,
여러분이 첫발을 내디딜 용기가 없는 것뿐이에요.
대부분 사람들은 새로운 사람과
새로운 관계로 이어져 있어요.
그 기회를 잡아서 새 친구가 되고
그들에게 자신감을 보여 주어야 할 사람은
릴리와 같은 여러분이에요.
자, 어서 사람들 앞에 나서 봐요.
고양이처럼 당당하게
존재를 드러내세요!

자신의 존재를 드러내는 법!
고양이와의 대화!

이제 여러분 차례예요! 지금 아니면 나중에라도 몇 가지 질문에 답해 보세요!

🐾 모르는 사람들 앞에 있으면 어떤 기분이 드나요?

....

🐾 새로운 사람에게 즉시 다가가나요, 아니면 그 사람이 다가오기를 기다리나요?

....

🐾 또래 집단 안에서 자연스럽게 말을 꺼내는 사람은 누구인가요? 여러분은 언제 말을 건네고 싶나요? 언제 다른 사람의 말에 귀 기울이고 싶나요?

....

🐾 새로운 친구들과 사귀기 위해 무엇을 할 수 있나요?

....

🐾 주변에 외로워 보이는 사람이 있나요? 그 사람에 대해 좀 더 잘 알기 위해 어떤 말을 건넬 수 있을까요?

....

우리는 타인에게 먼저 다가가지 않으려는 성향이 있어요. 하지만 먼저 다가가면 이야기를 나누기 훨씬 쉬워질 거예요.

#4 자신을 받아들이기?
딱 내 이야기네!

도리앙의 태도는 계속 달라져요. 어떨 때는 자신감에 가득 차 있고 어떤 때는 허세를 부리기도 하고, 어떤 때는 자신감이 너무 없어요. 도리앙은 친구들이 판단하고 친구들이 하는 말이나 반응에 따라 계속해서 자신의 행동을 바꾸는 것 같아요.

도리앙은 자신이 생각하는 것, 말하는 것에 확신이 없는 것처럼 계속 왔다 갔다 하기만 해요. 실제로 도리앙을 관찰해 보니까 도리앙은 너무 자신감이 없고 자기 자신을 사랑하지 않는 것 같아요.

그래요. 제가 느낀 대로라면 도리앙은 다른 사람들이 자신을 어떻게 생각할지 계속 걱정하면서 항상 다른 사람들이 하는 말에 신경을 써요. 그래서 다른 사람들의 생각에 자신을 맞추려고 하죠……. 받아들여지기 위해서……. 적어도 도리앙의 생각은 그런 것 같아요…….

자기 자신에 대해 어떻게 생각하세요?

> "누구도 자신의 본성에서 벗어날 수 없다."
> _가필드 Garfield

저는 하루가 끝날 무렵, 동네 아이들이 모일 시간이 되기 전에 간식을 뺏어 먹을 생각으로 도리앙네 집으로 갔어요. 그냥 빵 몇 조각이나 얻어먹으려고요. 이건 그냥 개인 취향이니까 욕하지 말자고요.

창문을 똑똑 두드리자 간식을 먹던 도리앙이 문을 열어 주었어요.

"안녕, 지기!"

"안녕, 도리앙!"

"아니, 도리라고 불러! 난 '도리앙'이란 이름 안 좋아해."

"하지만 도리앙은 테오도르란 이름의 줄임 말인데?"

"그래?"

"테오도르는 원래 '테오도롱Théodoron'을 줄여서 부르는 이름인데, 테오는 그리스어에서 나온 말로 '신'이라는 뜻이야. 도롱은 '선물'이라고 해석하지."

"그래서?"

"그러니까 내가 너라면 도리포르(감자잎벌레)처럼 '도리'라고 불리는 것보다는 '신의 선물'이라고 불리는 편을 좋아할 것 같다는 거지. 하지만 네가 싫다니까, 뭐!"

도리앙이 말했어요.

"네 말이 맞아……."

"봐, 너 딱 걸렸어!"

"무슨 소리야?"

"네 이름에 관한 이야기가 사실이라고 해도, 내가 한 얘기 때문에 네 생각을 바꿀 필요는 없어. 네가 도리라고 불리는 게 좋으면 계속 도리라고 부르라고 해! 거기에 대해서 아무도 뭐라고 하지 않아."

"사실 난 도리앙이란 이름 좋은데, 누가 이름으로는 별로라고 해서……."

"그래서? 어떤 여자애들이 나를 품 안에 안고 셀린 디옹Céline

Dion 흉내를 내면서 이렇게 노래를 부른 적이 있었지. '지기, 얘 이름은 지기, 다른 이들과는 다른 소년이야……*' 정말, 정말로 기분 나빴다고! 하지만 나는 데이비드 보위David Bowie가 되어 스타더스트의 지기를 구현해 냈지. 어쨌든 그 애들 기분이 좋다면…… 그렇게 거슬리는 일도 아니었으니까. 왜 사람들이 나에 대해서 어떻게 생각할까 신경 써? 난 내가 어떤 앤지 잘 알고 있고 그런 나를 사랑해! 이건 너의 안무도 마찬가지야!"

"무슨 안무?"

"네가 방 안에서 저녁에 만들던 안무 말야……."

"난 안무 만든 적 없는데!"

"그만해, 다 봤어! 그런 거 부끄러워 할 필요 없어. 네가 춤추는 게 좋으면 그냥 춤을 춰."

"그건 춤이 아니야, 힙합이야!"

"그걸 왜 감추는데? 그 힙합 멋지던데, 어원한테 말해 봐……."

"어원도 해?"

"안무? 아니면 힙합? 어떤 거? 네가 어원한테 직접 물어 봐."

"다들 놀릴지도 몰라……."

* '다른 이들과는 다른 소년(지기)', 프랑스 뮤지컬 <스타마니아Starmania> 중에서

"그럴 이유 없어. 어쨌든 어원은 절대 그러지 않을 거야. 춤추는 것도 아주 좋아하고 수요일 저녁마다 문화원에도 열심히 다니는걸. 나도 걔네들 보러 자주 구경 가."

"걔네들?"

"댄스 팀이 있는데 아주 잘해! 자기들이 네 춤을 놀릴 거라고 생각했다는 걸 알면 엄청 웃을 걸. 오늘 저녁에 가서 구경할래?"

"그래!"

잠시 후, 도리앙이 친구들 무리에 합류하자, 마트가 이렇게 말하는 게 들렸어요.

"안녕, 도리!"

도리앙이 대답했어요.

"아, 진짜, 나더러 도리포르 같다고 하는 거야?"

그날 저녁, 우리는 어원과 친구들이 연습하는 곳에 찾아갔어요. 도리앙은 창문 너머로 아이들이 춤추는 모습을 지켜보았어요. 도리앙의 눈은 반짝반짝 빛이 나고 너무 춤추고 싶어 하는 표정이었죠.

그래서 저도 뒷발로 서서 창문을 두드리며 아이들의 동작을 따라 해 보려고 했어요. 저는 초보 댄서일 뿐이지만 아이들은 저를 알아보고 웃으며 우리에게 다가왔어요.

도리앙이 말했어요.

"너희들 정말 멋지다."

어윈이 대답했어요.

"너도 해 볼래?"

"난 조금밖에 못 추는데……."

"정말? 멋지다! 어서 해 봐. 보여 줘!"

도리앙은 뒤돌아서 제게 눈을 찡긋해 보였어요. 저는 어윈과 도리앙을 지켜보았어요. 도리앙은 있는 그대로의 자신을 받아들이는 중이었어요. 도리앙은 더는 자신을 감추지 않고 자신이 좋아하는 것을 하기 시작했어요. 자신의 취향과 열정을 그대로 수용하는 것은 자기 자신을 있는 그대로 받아들이고 사랑하는 첫걸음이에요.

고양이를 보고 배워요!

고양이는 자신의 존재를 드러낼 줄 알고 자신감을 가져요.

눈치를 보며
다른 사람들에게 모든 걸 맞추려고 하다 보면
자신의 진짜 모습을
잃어버리게 되는 경우가 많아요.
다른 사람들이 나를 어떻게 생각하는지
계속 걱정하다 보면
자신과 맞지 않는 일들을
억지로 하게 되지요.
자신이 좋아하는 일을 하지 못거나
진짜 자신이 아닌 인격체가
되어 버릴 수 있어요.
타인의 판단은 중요하지 않아요.
여러분이 자기 자신에게,
자신의 취향과 즐거움과 관심사에
집중하기만 한다면요.
자신만의 것이 자신에게 가장 잘 어울리는데
왜 다른 옷을 입으려고 하나요?

자기 자신에 대해 어떻게 생각하나요?

고양이와의 대화!

🐾 자기 생각을 말하지 않을 때가 있나요? 언제인가요?

....

....

🐾 다른 사람들이 비웃을까 봐 걱정하며 하지 않는 일이 있나요?

....

🐾 어떤 일이든 결정하기 전에 다른 사람의 견해를 묻는 일이 자주 있나요? 누구한테요?

....

🐾 옷을 고르거나 취미 활동을 할 때 주변 사람들의 영향을 받는 편인가요? 어떤 방식으로요?

....

....

🐾 마지막으로 자신의 진짜 모습을 사랑하나요? 여러분이 행동할 때 보여주는 모습과 어떤 차이가 있나요?

....
....
....

우리는 많은 사람 사이에서 살아가고, 우리가 하는 일, 하는 말에 대한 타인의 판단을 중요하게 여길 수 있어요. 충고와 견해를 들을 줄도 알아야 하지만 타인의 시선이 자신의 꿈과 바람을 좌지우지해서는 안 돼요.
내가 뭘 할 때 행복한지 자기 자신보다 더 잘 아는 사람은 없어요. 자신을 사랑하는 가장 간단한 방법은 자신을 있는 그대로 받아들이고, 하고 싶은 대로 행동하는 거예요. 절 믿어 보세요. 고양이가 아주 잘하는 거니까요!

ZIGGY 🐾

#5 걱정하지 마!
다 잘 될 거야!

제가 클로에네 집 앞을 지날 때는 아주 늦은 시각이었어요. 보통 이 시간이면 저 말고는 아무도 깨어 있지 않아요. 그런데 클로에 방 창문으로 환하게 빛이 새어 나오고 있었어요.

평소 같으면 깊이 잠들어 있을 클로에가 왜 아직 깨어 있는지 알아보러 지붕 위로 올라갔어요. 그리고 창틀에 앉았어요. 책상에 앉아 고개를 흔들며 눈을 문지르는 클로에가 보였어요. 그러더니 갑자기 양손으로 머리를 붙잡고 소리치는 거예요.

"난 못 할 거야."

무슨 일일까요?

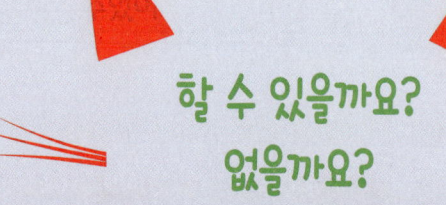

> "고양이요? 고양이는 뭐든 다 도전해요!
> 그 점은 정말 인정할 만하죠!"
> _미셸 오디야르 Michel Audiard

 클로에가 공책을 펴 놓고 책상 위에 엎드려 있는 것을 보고 저는 작게 '야옹' 하고 소리를 냈어요. 다른 식구들이 잠에서 깨지 않게요. 클로에가 문을 열어 주었어요.
 "안녕, 클로에! 이 시간까지 안 자고 뭐하고 있어?"
 "복습하느라……. 내일 앞에 나가서 발표해야 하거든……."
 "긴장돼?"
 "겁나서 죽겠어. 난 사람들 앞에서 말하는 게 정말 싫어. 바보 같아 보일 거야. 끔찍해."
 "정말?"

"초등학교 때도 칠판 앞에 나가서 시 낭송을 했었는데, 앞에 나가니까 얼굴 빨개지고 그러다가 울었어……. 진짜 견디기 힘들었어……."

"이해해……. 하지만 잠도 안 자고 발표 내용만 붙들고 있다고 해서 아무것도 나아지지 않아. 이미 외운 내용이잖아."

"아마도, 하지만…… 내일 어떻게 해야 할지 모르겠어……."

"넌 이미 알고 있어. 난 쥐를 쫓을 때, 쥐를 잡을 수 있을까 없을까 고민하지 않아."

"그거랑 무슨 상관이야."

"중요한 건 난 쥐를 잡을 거라는 걸 **알고** 있다는 점이지. 그 점에 대해서 추호도 의심하지 않아. 예상보다 조금 더 시간이 걸리고 힘이 들 순 있지만."

"난 내일 발표를 망칠 거라는 걸 **알아**."

"그렇게 생각한다면 정말로 그렇게 되겠지. 넌 너 자신에 관해서 나쁜 이미지, 잘못된 이미지를 갖고 있어. 너는 네 친구들 앞에서 이야기할 때는 전혀 소심해 보이지 않아. 그거랑 내일 앞에 나가서 발표하는 거랑 뭐가 다른데?"

"다르지……."

"아니, 정확히 똑같은 거야! 발표할 때 친구들 앞에서 이야기한다고 생각해 봐. 너 레아랑 같은 반 아냐?"

"맞아……."

"그럼 내일, 선생님과 반 아이들 앞에 서 있다는 사실은 잊어버리고, 레아만 쳐다보면서 말한다고 생각해 봐. 학교 밖에서 얘기할 때처럼."

"그럼 잘 될까?"

"잘 될 거야. 날 따라 해 봐. 나는 내일 발표를 잘 해낼 거라는 걸 **알고 있다**."

"나는 내일 발표를 잘 해낼 거라는 걸 알고 있다."

"좋아. 나쁘지 않아. 이따가 잠들기 전에도 한 번 더 말해 봐. 이제 고양이 요가법 하나를 알려 줄게. 명상 같은 거야. 거기 앉아 봐."

"말해 봐."

"내일, 발표를 시작하기 전에 마음을 가라앉히고 심호흡을 크게 해 봐. 감정에 휩쓸리지 않고 집중할 수 있도록. 내가 쥐구멍 앞에서 엿보고 있을 때처럼. 그리고 침착하게 발표를 시작하는 거야. 집에서 책상에 앉아 연습하던 것처럼. 친구 얼굴을 봐. 첫마디를 뱉고 나면 다른 사람들은 다 잊어버릴 거야. 마음이 편안해지면 이제 친구한테 이야기를 들려주듯이 발표할 수 있을 거야."

클로에가 웃으면서 말했어요.

"네가 쥐구멍 앞에서 기다리고 있는 모습이 그려져."

"그래, 클로에! 바로 그거야! 발표를 놀이처럼 생각해 봐. 그렇게 중요한 것도 아니고, 심각할 것도 없어. 그냥 네 새로운 재능을 발견할 수 있는 훈련 같은 거라고. 내가 쥐를 처음 잡을 때 하나도 긴장되지 않았을 것 같아? 처음으로 작은 쥐를 봤을 때, 난 엄청 긴장했어. 하지만 첫발을 내딛는 순간 깨달았지. 녀석을 잡을 수 있다는 걸 말야. 생각보다 훨씬 재미있었어!"

"나도 내일 한번 해 볼게……."

"자, 지금은 발표 생각은 머릿속에서 다 내보내. 그렇지 않으면 밤새도록 그 생각만 할걸. 잠도 못 잘 거야. 자, 내가 들어 줄게."

"너한테 발표 내용 읽어 주라고? 정말?"

"내일 할 때처럼 똑같이. 네가 네 목소리를 인지하고 또 네 목소리를 들으면서 겁먹지 않도록 하려는 거야. 그렇게 하면 좀 더 자신감이 생길 거야."

다음 날, 광장에서 즐거워 보이는 아이들한테 다가갔을 때, 저는 클로에가 친구들에게 발표 점수를 20점 만점에 18점 받았다고 이야기하는 걸 들었어요. 그레그가 물었어요.

"어떻게 한 거야?"

클로에가 대답했어요.

"내가 발표를 잘할 수 있다는 걸 **알고** 있었거든!"

저는 수풀 속에 멈춰 섰어요. 클로에는 친구들에게 어제 제가 클로에를 찾아갔던 이야기를 들려주었어요. 저는 씩 웃었어요. 가장 좋았던 건 제가 클로에에게 가르쳐 주었던, 마음을 편하게 먹고 많은 사람 앞에서 긴장감을 떨치는 요령을 클로에가 친구들과 나누기 시작했다는 거예요.

고양이를 보고 배워요!

고양이는 자신감이 있어요.
고양이는 어떤 상황에서도 당황하지 않아요.

맞아요. 첫걸음을 내딛긴 늘 힘들지만
첫걸음만 중요한 건 아니에요.
첫걸음만 여러분을 성장시키는 건 아니에요.
여러분을 두렵게 하는 모든 것을
아무 걱정 없이 시도하고 부딪쳐 보세요.
자신감은 시도하면 할수록
선순환하며 늘어나요.
걱정되는 것을 향해 나아갈수록,
다음에 어떤 상황이 오든 훨씬 더
편안하게 느껴질 거예요.
거의 마법처럼요!
성공하려면 계속 도전해야 해요!
그러다 보면 좀 더 자신감이 생길 거예요.
저는 여러분이 해낼 수 있다는 걸 알아요!

해낼 수 있을까? 없을까?
고양이와의 대화!

🐾 뭐든 어렵게 생각하는 경향이 있나요? 뭐가 걱정되나요?

....

🐾 성공하지 못할까 봐 두려워서 어떤 활동을 하지 않으려고 구실을 만들어 낸 적이 있다면 이야기해 보세요.

....

🐾 어떤 때 앞에 나서기가 꺼려지나요?

....

🐾 평소 편안한 느낌이 드나요? 많은 사람과 함께 있을 때는요? 그렇지 않다면 마음이 편하지 않을 때는 언제인가요?

....

🐾 가장 자신 있는 분야가 있나요? 어떤 분야인가요? 좀 더 자신감을 개발하기 위해 무엇을 할 수 있을까요?

....

상황에 따라 우리는 자신감을 가질 때도 있고, 스트레스를 받을 때도 있어요. 여러분도 시도하기만 하면 당장 오늘부터 좀 더 자신감을 가질 수 있어요.
극복하지 못할 일은 하나도 없어요. 오늘은 산처럼 보이는 일이라도 내일은 작은 바위처럼 보여서 그 바위 위에 올라가 이렇게 말할 수 있을 거예요. 잘 될 거야!

ZIGGY 🐾

#6 자유로워지고 싶다고?
천천히 가도 늦지 않아!

어느 정도의 나이가 되면 '사사건건 간섭하는 엄마'와 함께 토요일 오후를 보내는 건 즐겁지 않아요. 불만 가득한 표정으로 휴대폰 액정만 보고 있는 플로리앙도 마찬가지에요.

플로리앙은 조용한 걸 좋아해요. 다른 친구들보다 조금 더 독립적이지만 아직 스스로 날개를 펼칠 나이는 되지 않았죠.

플로리앙은 계속해서 미래를 꿈꿔요. 어른이 되면, 성인이 되면……. 플로리앙은 지금과 달리 하고 싶은 대로 다 할 수 있을 거라고 생각하죠.

하지만 나중에 어떻게 살지에 대해서만 계속 생각하다 보면 현재의 삶에서 놓치는 것들이 있지 않을까요?

지금도 미래에 갖게 될 자유를 약간은 얻어낼 방법이 있지 않을까요? 지금 이 순간 조금 더 행복할 수 있지 않을까요?

하고 싶은 것을 하기 위해 어서 어른이 되고 싶다고!

> "고양이를 훈련시키는 건 어렵다고들 한다. 그렇지 않다. 내 고양이는 이틀밖에 걸리지 않았다."
> _빌 데이너 Bill Dana

플로리앙의 부모님은 시내에서 장사를 하세요. 토요일에도 일하시기 때문에 매주 친척 중 누군가가 플로리앙을 돌보러 와요.

아직 오전 열 시밖에 안 되었는데 플로리앙은 벌써 집 밖에 나와 있어요. 집 앞 계단에 앉아서 지나가는 친구가 있는지 지켜보고 있어요. 플로리앙은 지루해서 한숨을 내쉬고 있어요. 제가 나서야 할 때예요!

"안녕, 플로! '사사건건 간섭하는 누군가' 때문에 네 토요일이 괴로운 모양인데!"

"안녕, 지기! 말도 마. 정말이지 이건 마치……. 이번 토요일에는 '풀때기 이모'가 왔어! 주말 내내 브로콜리만 먹게 생겼다고!"

"그래도 다른 날에는 햄버거도 먹고 케밥도 먹잖아! 그렇게 나쁜 건 아냐."

"집에서만이라도 감시하는 사람 없이 좀 조용히 지내고 싶다고. 유모가 필요한 나이는 지났어."

"그렇지만 부모님도 이해해야 해. 부모님께 넌 아직 어린애야. 널 돌봐주는 사람이 없으면 걱정하실 거야."

"날 아기 대하듯 한다니까!"

"그러고 보니 어릴 때 우리 엄마 생각난다. 내가 바구니에서 조금만 멀리 가려고 할 때마다 엄마는 내 목덜미를 물어서 다시 바구니 안에 집어넣었어. 누나 손한테도 마찬가지였지. 한번은 누나 수염을 다 잘라서 밖에 못 나가게 한 적도 있어."

"정말?"

"별거 아냐. 수염은 다시 자라니까! 하지만 어른 고양이한테는 그렇게 하면 안 돼. 고양이는 수염이 없으면 몸의 중심을 잡기가 힘들어지거든. 그건 먹고 자라고 배우는 게 전부인 우리를 엄마 곁에 붙들어 두는 방법이었던 거지."

"어쨌든 힘들었겠다!"

"우리를 위해서 그랬던 거야. 애초에 우릴 가둬 놓고 형제자매들과 함께 놔두려는 엄마가 없었다면 그게 더 큰 문제였을 걸."

"그럼 너희들이 하고 싶은 것을 하도록 놔둬야 하는 시기가 되면?"

"처음에는 엄마가 함께 있으면서 지켜보겠지. 스스로 영역을 발견하고 한계를 찾아낼 수 있게 하겠지. 단, 우리가 안전한 영역 안에서 말야. 그런 다음에 스스로 사냥해서 먹이를 찾고 자신을 지키는 방법을 가르칠 거야. 엄마가 없었다면 자동차가 위험하다는 사실을 내가 어떻게 알았겠어?"

"좋아. 하지만 난 이제 혼자 알아서 할 수 있다고! 버거 만드는 법을 봤는데, 요리도 잘할 수 있을 것 같아!"

"그래, 플로리앙, 나도 너라면 잘할 수 있을 거라고 생각해. 하지만 너희 부모님이 그걸 어떻게 알겠니?"

"벌써 말했는걸!"

"네 말을 믿으셔? 그 말만 가지고?"

"그게 믿음이지. 안 그래?"

"어느 위대한 고양이는 말했어. '믿음은 얻어지는 것이며, 존경은 받아 마땅한 것이다.'"

"무슨 뜻이야?"

"부모님의 믿음을 얻고 싶다면, 네가 부모님에게 증명해 보여야 해. 말만으로는 충분하지 않아. 집에 불을 내지 않고 혼자서 음식을 만들 수 있다는 걸 부모님께 보여 주고 싶지? 그럼 부모님이 집에 계실 때 직접 버거를 만들어드려!"

"뭐, 나쁘지 않은 생각이네……."

"하지만 중요한 건 부모님은 쉬게 하고 네가 하나부터 열까지 다 혼자서 하는 거야. 그냥 재미로 요리를 하는 게 아니라 네가 책임감 있게 요리할 수 있다는 걸 보여 주라고. 그러니까 장 보고, 요리

하고 테이블에 세팅하고, 설거지하는 것까지 다."

"그러고 나면 내가 하고 싶은 대로 할 수 있을까?"

"바로 그렇게 되면 너무 일이 쉽다고 생각하지 않니? 그 밖에도 여러 가지 방식으로 너의 능력을 보여 주고 부모님께 신뢰를 얻어야지. 쓰레기통을 비우고, 빨래하고, 이불보도 갈고……. 네가 너 스스로를 돌볼 줄 알고 그 밖에 다른 것도 할 수 있다는 걸 보여 주는 거야."

"알겠어……. 내가 잘 해낼 수 있다는 걸 증명해 보일 거야……."

"그거야. 그러다 보면 조만간 자유롭게 지낼 수 있게 되겠지. 서서히 그렇게 될 거야. 날 믿어. 그렇게 하는 것도 괜찮아! 아직 네겐 시간이 많아."

다음 주에, 저는 플로리앙의 집 앞으로 다시 가 보았어요. 놀랍게도 플로리앙은 집 앞 계단에 앉아 있지 않았어요.

나중에 들은 이야기인데, 플로리앙이 기발한 아이디어를 생각했대요. 토요일 저녁에 부모님을 위해 깜짝 미니 바비큐 파티를 열기로 한 거예요. 파티를 위해 플로리앙보다 몇 살 많은 사촌의 도움을 조금 받았을 뿐이에요. 둘이서 책임지고 처음부터 끝까지 파티를 맡아서 준비했어요.

플로리앙은 자유를 얻기 위해 먼저 부모님의 신뢰를 얻으려고 노력하는 중이에요. 다음 주 토요일에는 플로리앙 혼자서 버거를 만들고, 다른 집안일도 혼자 다 했다는 말을 들어도 그다지 놀랍지 않을 것 같아요. 참, 브로콜리 없이 말이에요!

고양이를 보고 배워요!

고양이는 자유로워요.

자유롭게 살 수 있다면 좋겠죠.
하지만 자유에는 책임이 따라요.
그러려면 먼저 모범을 보여야 해요.
부모님에게서 자율성을 더 많이 얻고 싶다면
부모님과 약속하고 그 약속을 지키세요.
부모님이 도움을 요청할 때,
그 일을 하고, 잘하려고 해 보세요.
부모님께 여러분을 믿어도 된다는 걸
보여 주세요.
또 부모님의 도움 없이
혼자서도 잘할 수 있다는 걸 보여 주세요.
그러고 나서 부모님께
더 많은 자율성과 자유를 가져도 되는지
물어보세요.
부모님은 여러분을 믿어도 된다는 걸 알아요.
이미 여러분이 증명해 보였으니까요.
자유를 얻는다는 건 몇 년에 걸쳐서라도
노력할 만한 가치가 있는 일이에요.
그러니 걱정하지 말아요.
노력하다 보면 금세 자유를
얻게 될 테니까요.

어른이 될 준비!
고양이와의 대화!

좀 더 자율성을 누리려면 이제 행동에 나서야 해요!

- 좀 더 많은 자유를 누리고 싶나요? 감시하는 부모님 없이 여러 가지 활동을 할 수 있나요? 어떤 거죠? 예를 들어 보세요.

....

- 물건을 자주 잃어 버리나요? 딴생각을 자주 하나요? 식사 시간에 가족이 모이기 전에 빵을 먹어 치우나요? 여러분이 더 이상 어린애가 아니라는 것을 보여 주기 위해 향상시켜야 하는 점이 있다면 예로 들어 보세요.

....

- 생일에 돈을 받으면 어떻게 하나요? 노느라고 한번에 다 써버리나요? 아니면 나중에 쓰려고 모아 두나요?

....

- 부모님과의 약속을 지키지 않은 적이 있나요? 약속한 시간까지 집에 들어가는 것, 집안일을 돕기로 한 것, 빵을 사 오는 것, 삼촌에게 전화하는 것……? 약속을 지키지 않았던 일이 이후에 여러분에게 안 좋은 결과를 가져왔다고 생각하나요?

....

나이가 몇 살이든 우리는 모두 우리가 하는 일에 책임이 있어요. 모든 행동 뒤에는 좋은 것이든 나쁜 것이든 어떤 결과가 뒤따르게 되어 있어요. 여러분이 요구되는 수준에 도달했다는 사실을 스스로 증명해 보여야 해요.
자유를 얻으려면 당연히 그 정도는 해야 해요.

ZIGGY

#7 휴대폰을 꺼 놓으라고?
재밌어 죽겠는데!

멋진 히피족, '미스 데이지' 엠마는 제가 정말 좋아하는 아이예요! 항상 웃고 꽃무늬나 알록달록한 화려한 옷을 입고 다녀요. 진짜 걸어 다니는 햇빛 같은 소녀죠!

그런데 단 한 가지 문제가 있어요. 손에서 휴대폰을 놓질 않아요. 혼자 있을 때, 친구들과 있을 때, 부모님과 식사할 때, 심지어 수업 시간에도 책상 밑에 넣어 두고, 점심시간에, 버스에서, 아침, 저녁, 주말에도요……. 늘 휴대폰을 붙들고 다녀요.

휴대폰 액정에서 눈을 떼질 않아요! 친구들도 상황은 비슷하긴 하지만 그런 친구들마저 때로는 엠마에게 휴대폰 좀 그만 보라고 이야기할 정도예요. 하루 두 번 라이브 채팅을 하지 않는다고, 세 장의 셀피를 찍지 않는다고 인생이 달라질까요? 휴대폰을 내려놓고 지내는 경험을 해 보면 어떨까요? 휴대폰 액정 밖에서도 삶은 여전히 존재한다는 사실을 깨닫게 되지 않을까요?

있는 그대로의 삶을 누려 봐!

> "내 마음이 느긋하지 않으면
> 잠자는 고양이가 보이지 않을 것이다."
> _제인 폴리Jane Pauley

일요일 아침, 엠마가 잠이 덜 깬 얼굴로 테라스에 앉아 코코아를 휘젓고 있을 때 제가 테이블 위로 뛰어올랐어요.

"안녕, 아가씨! 오늘도 조금밖에 잠을 못 잤구나! 늦잠 잤어?"

엠마의 휴대폰에서 알림음이 나자, 엠마가 메시지를 확인했어요.

"응, 으음……."

몇 분 동안 엠마는 하품하며 휴대폰 액정만 쳐다보았어요. 저는 엠마에게 몸을 비벼 보았지만, 엠마는 아무 반응도 하지 않았고, 제게 눈길도 주지 않았어요.

"야옹! 야옹! 엠마! 너 테스트 한번 해 볼래?"

"무슨 테스트? 기다려 봐, 2초만. 나 메시지 왔어."

그러고 5분이 지났어요.

"이제 테스트해 볼까?"

"뭐?"

"나와 함께 하루를 보내는 테스트! 하루 동안 나처럼 지내는 거야."

"왜?"

"내가 한 가지 사실을 발견했거든. 너 말야, 휴대폰 액정에서 시선을 떼는 순간 얼굴에 미소가 떠올라. 그런데 다시 휴대폰으로 눈길을 돌리자마자 금세 얼굴이 굳어. 그래서 네가 휴대폰을 볼 때 그다지 행복하지 않은 게 아닐까 그런 생각이 들었지……."

"벤지 때문이야. 얘는 2초에 한 번씩 메시지를 보내거든……."

"그럼 그냥 텔레비전을 볼 때처럼 해 봐. 재미없는 거면 그냥 무시해."

"네가 한다는 테스트는 뭔데?"

"고양이 처세술 발견하기."

엠마가 웃으며 말했어요.

"먹고, 놀고, 자는 거? 일요일이잖아. 난 밖에 나가고 싶은데."

"오늘을 수행하는 날로 정하는 거야. 손에서 휴대폰은 내려놓고.

네가 그렇게 할 수 있는지 한번 보자고…….”

"휴대폰 없이?"

"그게 꼭 필요해?"

"하지만 메시지가 올지 모르는데…….”

"나중에 읽어도 되잖아.”

"그래서? 고양이 처세술이란 게 뭔데?"

"우선은 자기 자신에 대해 생각하고 자신의 안녕과 행복을 위해서만 노력하는 거지. 휴대폰만 붙들고 있으면 너는 다른 사람의 인생을 공유하는 것뿐이야. 그건 다른 사람에게 위임받은 삶이지 너의 삶이 아니라고.”

"뭐, 그것도 내 삶이야!"

"그건 가상 세계에 투영된 네 삶의 이미지야. 그것과 진짜 네 삶은 달라.”

"괜찮아, 이게 위험한 마약도 아니잖아!"

"지나치지만 않다면 위험하지 않겠지. 휴대폰은 심지어 매우 유용하니까. 하지만 중독되면 안 돼. 너 '노모포비아 nomophobia'란 말 들어 봤어?"

"아니?"

"그건 휴대폰을 손에서 떨어뜨려 놓으면 불안감을 느끼는 증상을 말해. 신체적으로도 이상이 나타나고 불안해지지."

"정말?"

"그래! 심지어 본인도 깨닫지 못하는 사이에 그렇게 되는 거야. 그러니까 오늘은 휴대폰 없이 지내보자, 알겠지?"

"그럼 뭐부터 시작할까?"

"너 마당에 있는 해먹에서 낮잠 자본 지 얼마나 됐어? 잠깐이라도 쉬어 본 게 언제야?"

"요즘엔 거의 없는 것 같은데……."

"그러면 거기서부터 시작하자. 어젯밤에 잠 못 잔 거 보충하러."

"마지막으로 메시지 하나만 보낼게. 얘기해 두게……."

"메시지 못 받는다고 얘기하려고? 아냐, 메시지는 받을 수 있어! 내가 너한테 보여 주려는 게 바로 그거야! 넌 현실 세계에서 메시지를 받는 거야. 그리고 오늘 마지막 메시지를 보낼 때는 친구들을 초대해서 같이 네가 좋아하는 장신구 만들기를 하자고 하는 건 어떨까?"

"와, 그거 좋은 생각이다!"

하루가 끝나 갈 무렵에, 저는 엠마를 데리고 작은 언덕에 가서 바다 위로 저무는 태양을 함께 바라보았어요.

보통 때는 엠마가 일기를 쓰는 시간이에요.

자기 생각과 아이디어를 끄집어내기에 이보다 더 좋은 장소가 어디 있겠어요? 온갖 소음에서 멀리 떨어져 인생의 따스함에 몸을 맡기고 자신을 발견하기에 이보다 더 좋은 순간이 어디 있겠어요?

고양이를 보고 배워요!

고양이는 천천히 살아가는 법을 알아요.
고양이는 휴식할 줄 알고, 잠자기를 좋아하며
평온을 사랑해요.

휴대폰에 너무 많은 시간을 할애하면
자신의 삶에서 놓치고 지나가는 시간이
너무 많아져요.
휴대폰을 아예 사용하지 말라는 게 아니에요.
휴대폰은 매우 실용적이고
유용한 도구인 게 사실이에요.
가끔은 그냥 손에서
내려놓아 보세요.

세 시간, 하루, 일주일……
휴대폰을 내려놓을 줄 안다는 건
그곳에 온전히 존재할지
혹은 어디에 있든 약간은
자리를 비우고 있을지 중에서
선택하는 거예요.
100% 현재에 머물러 있겠어요?
아니면 여러 공간에 분산되어 있겠어요?
삶을 좀 누려보면 어떨까요?
잠시 휴대폰을 끄고,
살아가는 데 시간을 보내고,
내 주위 세상의 아름다움과
평온을 재발견해 보세요.
그렇게 하면 마음이 편안해지고
즐거워질 거예요.

삶을 즐겨 보세요.

고양이와의 대화!

휴대폰을 내려놓고 다음 질문에 대답해 보세요.

🐾 아침에 일어날 때 피곤하다고 느끼나요? 아침에 좀 더 자고 싶나요?

....

....

🐾 저녁에 몇 시까지 휴대폰 게임을 하고, 동영상을 보고, 친구들과 대화를 하나요? 그래서 잠을 덜 자고 다음 날 피곤하고 기력이 없나요? 어떤가요?

....

....

🐾 하루 중 휴대폰을 내려놓을 때가 언제인가요? 휴대폰을 멀리 떨어뜨려 놓을 때가 있나요? 외출하면서 휴대폰을 집에 놓고 가려고 해 본 적 있나요?

....

....

🐾 휴대폰 없이 하는 활동 중에 좋아하는 게 있나요? 어떤 건가요? 왜 좋아하나요?

....

....

🐾 알림음이 들릴 때마다 스트레스를 받나요? 반대로 메시지가 하나도 오지 않을 때 불안한가요? 어떤 상황에서 그런가요?

....

....

휴대폰은 마법처럼 놀라운 도구예요……. 하지만 휴대폰의 노예가 되지 말고 주인으로 남아 있어야 해요!*
아! 고양이는 꺼 놨어요!

ZIGGY 🐾

* 이 주제에 관해서는 이 책을 읽어 보세요. 《휴대폰을 꺼라. 그때부터 너의 삶이 시작될 것이다 Off. Ta vie commence quand tu raccroches》, 오포르탱 출판, 2018년

#8 친구들하고만 지낸다고?
안 그래도 괜찮아!

친구들과 함께 있지 않을 때 샤를리는 샤를리 같지가 않아요. 그건 다른 친구들도 거의 비슷해요.

무엇이든 다 같이 해야 하고 삶의 모든 순간을 함께 나누죠.

친구들과의 관계가 살아가는 데 꼭 필요한 건 사실이에요. 우리는 친구들과 밀접한 관계를 맺고 그 관계 속에서 자신을 지키죠. 친구들과의 관계는 새로운 가족과 같고, 우리는 그 그룹에 속해 있어 외롭지 않아요.

하지만 오늘은 샤를리와 이야기를 해야겠어요. 샤를리는 오후에 수업이 없어서 광장을 돌아다니며 친구들을 기다리고 있었어요.

친구들이 전부야!

> "고양이들은 우유 한 접시만 있다면
> 온종일 집안에서만 뒹굴 수 있다."
> _로빈 윌리엄스 Robin Williams

"안녕, 샤를리!"

"고양이 씨, 오늘은 어때?"

"좋지! 지루할 틈이 없어!"

"좋겠다. 난 오늘 오후는 한가해. 다른 애들은 아직 수업이 안 끝나서 지금은 아무도 없어."

"그래서?"

"그래서 할 게 아무것도 없어, 시간이 너무 안 가."

"진심이야? 네가 팔이 없어, 다리가 없어, 머리가 없어?"

"그건 아니지만 무슨 말인지 알잖아……. 혼자 노는 건 재미없다고……."

"친구들하고 함께 노는 거 좋지. 옛날 생각이 나네. 누나 손이랑 같이 살던 첫 집은 토르시외에 있었어. 그런데 집사 스테판이 어떤 아가씨랑 함께 살게 된 거야. 그 여자는 트럭에 가구들을 잔뜩 싣고 고양이 다섯 마리와 함께 집에 들어왔어! 처음에 손과 나는 우리 영역을 함께 나누고 싶지 않았어. 하지만 나중엔 여럿이 무리 지어 지내는 게 훨씬 더 좋았어. 우리가 동네 고양이들 다 이겼거든!"

"너 같은 애가 일곱 마리나 있다니! 진짜 왁자지껄했겠다."

"'나 같은 애'가 아니야! 우린 다 달랐어. 스타일, 성격, 그때그때 하고 싶어 하는 것도 다 달랐지. 우리 그룹이 있고, 무리가 있지만 각자 개성이 있고, 저마다 유일하고 자율적이고 독립적이었지."

"내 친구들도 그래……."

"꼭 그렇지는 않아, 샤를리. 네 친구들 다 괜찮은 애들이지. 하지만 가끔 보면 네 삶에서 친구들이 너무 많은 부분을 차지하고 있어. 봐, 네 친구가 여기 없으니까 넌 손가락만 빨면서 우물쭈물하잖아. 이상하지 않아? 친구들이 없을 때 샤를리는 어디 있어?"

"그래, 하지만 혼자 있으면 재미가 덜한걸."

"그건 상황에 따라 다르지. 예를 들면, 너 기타 좋아하잖아. 몇 달 전부터 기타 레슨 받기 시작했지?"

"그래……. 무슨 말이 하고 싶은 거야?"

"다른 친구들과 함께 있을 때는 기타 연습을 하고 싶지 않거나 할 시간이 없잖아. 내가 틀렸어?"

"기타에 빠져 살고 싶은 생각은 없어. 기타를 치는 건 너무 힘들어. 그냥 듣는 거라면 몰라도……."

"하지만 기타리스트처럼 연주하고 싶잖아."

"당연하지."

"그 분야에서 최고가 되고 싶다면 나 같으면 혼자서 조용히 연습할 거야. 기타 가져와서 어디까지 배웠는지 나한테 보여 주지 않을래?"

"지금? 여기서?"

"너, 엠마 좋아하지……?"

"뭐! 무슨 얘길 하는 거야?"

"에이, 뭘 빼고 그래. 난 네가 엠마를 어떻게 쳐다보는지 다 알고 있다고."

"그게 기타랑 무슨 상관이야?"

"내가 생각해 낸 건데, 한 곡을 열심히 연습해서 엠마한테 들려주기로 하면 어떨까? 그럼 연습할 때도 더 재미있을 거야. 그러면 어차피 혼자서 연습해야 하잖아……."

샤를리는 미소를 지으며 기타를 가지러 집 안으로 들어갔어요.

친구들과 **삶을 함께 나누는 건** 아주 좋은 일이에요. 하지만 그게 전부가 되면 안 돼요. 친구들과 함께 있다고 해서 샤를리의 기타 실력이 느나요? 아니에요. 그건 혼자서 해야 하는 거예요. 이건 삶의 개인적인 부분에 속하는 거예요. 혼자서 연습하고 나서 그다음에 친구들과 함께 시간을 보내야 해요. 축구에 대한 열정을 고백한 루이즈처럼요.

항상 친구들을 따라다니며 친구들이 하는 것만 하면 개인적인 부분을 너무 소홀히 하게 돼요.

친구들 무리에서는 서로의 차이점, 취미, 재능을 함께 나누는 거예요. 그럼 더 풍요로워지겠죠. 그렇더라도 각자 혼자서 자신의 능력을 개발하는 시간을 가져야 해요. 그렇지 않으면 친구들과 나눌 게 뭐가 있겠어요? 의견이나 취미, 생각 외에도 친구들과 함께 나눌 만한 게 있을까요?

고양이를 보고 배워요!

고양이는 독-립-적이에요.

그룹이 있으면 그중에 그룹을 이끄는 사람,
멤버들에게 영향력을 행사하는 사람,
누가 무슨 역할을 담당할지,
무슨 활동을 할지 결정하는 사람이 있기 마련이에요.
그렇다고 해서 그 제안을 전부 받아들이고,
말하는 대로 듣고 따르기만 해서는 안 돼요.
여러분은 자신만의 개성과 나만의 취미와
혼자서 하고 싶은 것이 있어요.
그런 활동은 혼자서 할 수도 있고
그걸 그룹의 친구들과 함께 나눌 수도 있어요.
하지만 꼭 기억해야 할 건
반드시 자신이 좋아하는 일,
즐길 수 있는 일을 하라는 거예요.
자신이 누구인지,
날 나답게 만드는 게 무엇인지,
절대 잊으면 안 돼요.
친구들만 우선순위에 두지 말고
나를 먼저 염두에 두면서
자유롭게 생각하고 활동하세요.
고양이처럼
여러분이 하는 모든 일에서,
여러분이 하는 모든 생각에서
독립적인 사람이 되세요.
여러분은 충분히
관심을 기울일 가치가 있는
존재니까요!

친구들이 우선이라고 고양이와의 대화!

이 책을 읽고 있는 걸 보면 여러분은 지금 친구들과 함께 있지 않겠죠. 그럼 이 질문에 대답해 보세요!

🐾 여러분은 친구들과 함께 있지 않을 때 무엇을 하나요?(휴대폰 빼고!)

....

....

🐾 다른 사람 없이 할 수 있는 것 중에 좋아하는 운동이나 취미가 있나요?

....

....

🐾 혼자 있을 때 지루하다고 느끼나요? 혼자서 시간을 보낼 만한 일이 뭐가 있을까요?

....

....

🐾 주변 사람들과 의견이 맞지 않을 때 여러분의 의견을 말하나요? 아니면 그냥 참고 있나요? 마지막으로 의견이 맞지 않았을 때는 무엇 때문이었나요?

....

....

🐾 하고 싶은 일이 있을 때 친구들에게 새로운 아이디어를 제안하는 편인가요? 아니면 그냥 다른 친구들이 결정한 대로 따르는 편인가요?

....

....

우리에겐 저마다 풍요로운 내면세계가 있어요. 재능도 넘치고, 하고 싶은 게 생겼을 때 우리의 능력에 맞게, 개발할 수 있는 지식도 있어요. 그런 것들을 먼저 개발해야 가까운 사람들과 나눌 수 있겠죠.

그룹에 속한다는 것이 다른 사람들의 의견만 따르고 거기에 적응해야 한다는 뜻은 아니에요. 그룹 안에서 나만의 개성을 살린다는 뜻이기도 해요.

ZIGGY 🐾

#9 승부욕?
열심히 해 볼까, 말까?

루이즈는 머리카락을 매만지거나 쇼핑하거나 매니큐어를 바르면서 시간을 보내는 타입은 아니에요. 운동화를 신고, 움직이고, 운동하고, 땀 흘리는 것을 좋아해요. 더 어렸을 때는 댄스와 리듬 체조도 했지만 얼마 안 가 배구 같은 단체 운동을 했어요.

지난 월드컵 축구 대회 이후에는 텔레비전에서 하는 모든 축구 경기를 시청했어요. 그 후로 축구에 푹 빠져서 집에서 연습도 시작했어요. 축구공을 차고, 드리블과 발재간도 연습하다 보니 학교 축구부에도 들어가고 싶어졌어요.

하지만 아직도 남자 중심으로 돌아가는 축구 세계에서 팀에 홍일점이 되는 건 해 보나 마나 승산이 없는 일 같았어요……

악착같이 해 볼래요?
아니면 포기할래요?

> 질: "고양이들은 아무리 높은 곳에서 떨어져도 항상 사뿐히 내려선다는 게 사실이에요?"
> 고양이: "아뇨! 그건 개들이 퍼뜨린 소문일 뿐이에요!"
> _장화신은 고양이

루이즈는 정원에 있는 두 나무 사이에 그물을 매달아 축구 골대를 설치했어요. 주말마다 훈련하고 프리킥과 코너킥도 연습하며 많은 시간을 보내요.

저는 벽 위에 앉아서 루이즈가 달리고, 슈팅하고, 슛을 놓치는 모습을 지켜보며 스포츠 해설자처럼 루이즈의 실책에 대해 코멘트를 늘어 놓았어요. 그때 루이즈가 대포슛으로 그물망을 갈랐어요.

저도 공 뒤를 따라 달리며 좋아했어요. 루이즈가 가볍게 날아다닐수록 기분이 더욱 좋아졌어요! 사방으로 튕겨 나가는 공을 잡아

강슛을 날리는 모습은 정말 멋졌어요.

제가 소리쳤어요.

"골이에요!"

"지기, 안녕!"

"지금 훈련하고 있었던 거 맞지?"

"응. 하지만 혼자서 하려니까 못하는 게 많아. 수비수를 제치는 거라든지……. 이건 어쨌든 단체 운동이니까. 그래서 슛만 계속하고 있는 거야."

"학교에 축구팀 없어?"

"있어. 하지만 남자애들밖에 없는걸. 남자들만 축구 경기를 하는데 여자애가 가서 축구하고 싶다고 하면……."

"여자애? 아니면 여자 선수?"

"그게 그거지!"

"아냐, 루이즈, 전혀 그렇지 않아. 네가 그 애들 앞에 여자애로서 서면 여전히 남성 중심이고 남성 우위적인 스포츠 세계에 있는 사람들이 당연히 비웃겠지. 하지만 네가 팀 내에서 특정 포지션을 맡은 여자 선수로서 그 앞에 서면 상황은 완전히 달라져."

"글쎄, 그건 잘 모르겠어……."

"내가 볼 때 너는 너희 진영을 수비하는 걸 우선으로 하는 것 같네. 공이 너희 골대로 들어오지 못하도록."

"맞아, 대충은 그래."

"며칠 전에 샤를리에게도 말했지만, 그룹에서 친구들과 함께 있을 때는 자기만의 영역을 확보할 필요가 있어. 그러려면 집단의 '공동체' 기능이 제대로 작동해야 해. 능력에 따라 자신의 포지션을 정하는 거야. 누군가는 망을 보고, 다른 누군가는 적 앞에 나서서 위협적으로 근육을 내보이고, 다른 누군가는 후방에 남아서 진영을 지켜야 해. 조직에서는, 남자냐 여자냐 그게 중요한 게 아니야. 정말 중요한 건 우리의 힘과 능력에 따라 서로서로 믿는 거야."

"고양이한테는 그게 먹힐지 몰라도 우리는……."

"난 반대라고 생각해! 넌 공격이 더 좋아, 수비가 더 좋아?"

"사실은 '벽'이라고 불리고 싶어!"

"그게 무슨 뜻이야?"

"난 골키퍼가 되어서 내 골대에 단 하나의 공도 들어오지 못하게 하고 싶어! 하지만 내가 공을 차면서 동시에 슛을 막을 수는 없으니까…….."

"네가 훈련하는 데 필요한 건 골대가 아니라 슈터였네. 친구들 다 광장으로 모이라고 해! 긴급회의 소집이다! 내가 아이들 모을게. 그리로 와!"

광장으로 가 보니 이미 남자아이들 몇 명이 모여 이야기를 하고 있었어요. 저는 아이들 가운데 자리 잡고 말했어요.

"제군들, 너희들의 결속력을 보여줄 때가 왔다!"

마트가 물었어요.

"무슨 일인데?"

"루이즈가 축구 좋아하는 거 알지? 학교 축구팀에 들어가고 싶어 하는 것도?"

마트가 말했어요.

"가망이 없어."

"마트, 확실해? 루이즈가 실력을 평가받을 수도 없다고 말하는 거야? 그냥 실력만 보여 주는 건데도? 남자들만 있는 팀에 여자애가 들어가려고 해서? 그 얘길 들으니까 뭔가 떠오르는데……?"

"네 말이 맞아, 지기……."

"루이즈는 실력을 쌓고 싶어 해. 그냥 공을 차줄 사람만 있으면 돼. 공을 차는 건데 힘들 거 하나 없잖아!"

"좋아! 가자!"

몇 주 동안, 루이즈는 친구들의 슛을 막아 내는 연습을 했어요. 친구들은 방과 후에 돌아가면서 루이즈의 집으로 찾아갔어요.

루이즈는 처음에는 힘들었지만, 집념을 갖고 자신이 원하는 것을 위해 끈질기게 노력했어요. 축구 선수가 되고, 선수로 인정받는 거예요.

한 주, 두 주가 지나면서 루이즈의 실력은 많이 향상되었어요. 친구들조차도 골대 앞에서 루이즈의 실력에 놀랐어요. 친구들이 먼저 나서서 루이즈 보고 학교 축구부에 들어갈 수 있는지 물어보라고 부추길 정도였어요.

마침내 루이즈는 축구부를 찾아갔어요. 하지만 다른 선수들은 루이즈가 골키퍼로 팀에서 활동하고 싶다고 말하자 비웃었어요.

"내가 너희 팀에서 슈팅 잘하는 선수들의 슛을 열 개 중의 여덟 개 막으면 너희 팀에 들여보내 줄 거야?"

주장이 웃으면서 대답했어요.

"그래, 받아들이지!"

팀 최고 슈터인 카랭이 앞으로 나오자 주장이 말했어요.

"살살해, 여자잖아!"

루이즈가 반박했어요.

"아냐, 난 골키퍼야."

카랭은 열 번 골을 찼어요. 각도를 바꾸고 주기적으로 페이크를 쓰기도 했어요. 하지만 열 번 모두 루이즈가 슛을 막아내거나 슛이

빗나갔어요.

　카랭 앞에는 '벽'이 있었어요.

　카랭이 소리쳤어요.

　"와! 완전 벽이네! 우리 골키퍼로 꼭 필요한 애야. 벤지처럼 골 허용하는 애 말고!"

　루이즈의 친구들이 소리치기 시작했어요.

　"벽! 벽! 벽!"

　학교 축구팀 아이들도 따라 외쳤어요.

고양이를 보고 배워요!

고양이는 끈질겨요.

포기하기는 정말 쉬워요.
너무 많은 어려움이 앞에 있으니까요…….
다른 사람들이 우선시하는 것과
자신이 걱정하는 일 사이에서 고민하다 보면,
자신은 해내지 못할 거라든가,
그건 내 자리가 아니라든가
하는 마음이 생겨나요.
고양이로서 말하는데
그런 생각은 그만두세요!
불가능할 것 같고,
가까이 접근하지도 못할 것 같나요?
시도해 보세요.
힘들지만 해 보세요.
바라는 것을 위해 애써 보세요.
여러분이 시도하는 모든 것을
끝까지 붙잡고 늘어지세요.
고양이처럼 끈질기게, 인내심을 가지고
행동하세요.
다시 시작하고 계속해서 노력하고
훈련하세요. 루이즈처럼요.
하루하루가 지날수록
실력이 향상될 거예요.
약간, 많이, 그러다가 마침내 할 수 있게 되고
능숙해지고, 전문가가 되고, 달인이 될 거예요!
노력은 여러분의 몫이랍니다.
그러다 보면 해내게 될 거예요!

노력할까? 아니면 포기할까?
고양이와의 대화!

잠시 멈추고 생각해 봐요!

🐾 보통 여러분은 금세 포기하고 다른 것으로 넘어가나요? 아니면 끝까지 노력하나요? 무언가를 해내지 못했을 때, 계속하나요? 아니면 쉽게 포기하나요? 어떤 경우에 그런 가요? 예를 들어 보세요.

....

🐾 여러분은 해내지 못할 것 같은 꿈이나 바람이 있나요? 어떤 거죠?

....

....

🐾 여러분이 하고 싶어 하는 일을 지지해 주고, 격려하고, 밀어주는 사람이 있나요? 어떻게 하고 있나요?

....

....

🐾 여러분은 다른 사람의 실력이 향상되도록 도와준 적이 있나요? 어떻게 했는지 이야기해 보세요.

....

실패를 두려워하는 건 정상적인 일이에요. 그렇다고 그게 여러분이 바라는 것을 쟁취하기 위해 시도해 볼 기회조차 버릴 이유가 되는 것은 아니에요.

ZIGGY 🐾

#10 새로 이사 온 친구가 이상하다고?
극복할 수 있을 거야!

이번 주에 새 친구가 동네로 이사를 왔어요. 세바스티앙인데 새 아빠는 세바스티앙을 '바바스'라고 불러요. 바바스는 새 동네를 구경하려고 마을을 돌아다니고 있어요.

바바스는 동네 친구들 무리와 비슷한 나이인 것 같지만 아직은 아이들에게 다가가지 못하네요.

이사를 하고 새로운 곳에서 나의 세계를 처음부터 다시 만드는 건 절대 쉽지 않은 일이에요. 환경이 바뀌고, 친구들에게서 멀어지고, 일상의 모든 기준이 달라지죠. 학교도, 스포츠 클럽도 바뀌고, 때로는 가족 구성원이 달라지기도 해요. 게다가 짧은 시간 안에 새로운 도시에 통합되고, 새로운 만남을 가져야 해요…….

오래 전부터 형성되어 있던 그룹에 새 멤버로 들어가 어울리는 게 과연 쉬울까요?

통합을 위해 어떻게 해야 할까?

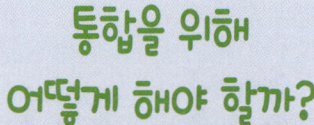

"한 사람의 가치는 언제나
그 사람이 타인에게 가져다주는 행복의 양으로 매겨진다."
_가필드

수요일 오후, 평소처럼 아이들이 모여서 이야기를 나누고 있었어요. 제가 다가갈 때 그레그가 말하는 게 들렸어요.

"그거 봤어? 32번지에 새로 이사 왔더라. 그 집에 아들이 한 명 있는데 걔 좀 이상한 애 같아."

마트가 웃으며 말했어요.

"말도 마! 완전 꼴불견이던데! 루저!"

그레그가 물었어요.

"어디서 왔는지 알아?"

마트가 대답했어요.

"모르지."

마뇽이 말했어요.

"일드프랑스에서 왔을걸."

그레그가 말했어요.

"아! 또 파리 사람이야!"

그래서 제가 대화에 좀 끼어들어야겠다고 생각했어요. 저는 조용히 아이들 앞에 나섰어요.

"안녕, 마르세유 사람들!"

마트가 소리쳤어요.

"마르세유 사람들이라니? 안 좋은 일이라도 있어?"

"왜, 나도 너희들처럼 한 건데! 난 항상 모두를 공평하게 대하거든. 나도 파리 사람들과 마르세유 사람들 간의 경쟁 심리에 관심이 많아서 말이야. 좋지, 안 그래? 게다가 파리에 살다가 이제 남부에서 살려고 리옹으로 내려온 나로서는 어느 편에 붙어야 할지 알 수가 없네……."

그레그가 대답했어요.

"그거랑은 다르지. 넌 고양이잖아!"

"그래 맞아. 그래서 난 어디를 가든, 출신 지역이 어디든 다른 고양이들과 어울리고 무리에 받아들여지는 데 아무 문제 없어. 고양이들은 그런 거 상관하지 않아……. 중요한 건 고양이들이 참 상냥하다는 거지."

그레그가 다시 말했어요.

"뭐 아직 다 알 수는 없지만 걔 차림새 봤어?"

"이제는 또 차림새가 다른 게 문제야? 내가 볼 때는 너희도 다 다른 차림새를 하고 있는 것 같은데. 다행히도 말이지! 그렇지 않다면 다들 똑같은 복제 인간같이 보일걸."

마농이 말했어요.

"사실, 우린 그 애 잘 몰라……."

"맞아. 그 애 입장에서 생각해 봐. 너희가 부모님 직장 때문에 이곳을 떠나서 파리나 브레스트로 이사 갔다고 생각해 봐."

도리앙이 말했어요.

"난 그럴 수 없을 것 같아. 지기도 없고, 아는 친구도 하나 없는 곳으로 가고 싶지 않아……."

그레그가 말했어요.

"맞아……. 그런 거 생각하면 나도 못 할 것 같아."

"너희가 이해할 줄 알았어. 아무것도 모르고, 아무도 모르는 곳으로 옮겨가는 것부터가 힘든 일이야. 그런데 그곳 사람들한테 배척당하는 느낌까지 받는다고 생각해 봐."

마트가 말했어요.

"좋아, 지기, 이해했어. 그 애가 우리한테 오면 상냥하게 대할게."

"그 애는 생각보다 너희한테 가르쳐줄 게 훨씬 많을지도 모르잖아……. 나는 너희가 생각하는 것과 달리 그 애 차림새도 멋져 보이던데."

"진심이야? 농구화 색깔을 왼발 오른발 짝짝이로 신는다고! 나도 좋게 생각하고 싶지만 그건 좀 지나치지!"

"정말로 그걸 일부러 한 게 아니라고 생각하는 거야?"

"그게……."

"있잖아, 마트, 너도 남의 차림새에 신경 쓰는 건 쓸데없는 일이라는 거 알잖아. 나는 걔 아이디어가 오히려 당당하고 멋져 보여! 한때는 젊은 애들이 전부 다 야구 모자를 거꾸로 쓰고 다니던 때가 있었어. 한 명이 그렇게 썼던 것에서 시작된 거지. 제롬 데이비드 샐린저Jerome David Salinger가 쓴 《호밀밭의 파수꾼》을 읽은 한 젊은이였는데, 그 책에서 처음으로 그런 모습을 묘사했거든."

마트, 그레그, 도리앙은 주의 깊게 자신들의 발, 운동화를 관찰했어요. 상상하는 것 같았어요…….

저는 버스 정류장 바람막이 지붕 위에 앉아, 아침에 바바스와 그룹의 아이들이 함께 버스를 기다리며 학교로 갈 기대했어요.

바바스가 먼저 정류장에 도착했어요. 버스를 놓칠까 걱정했나 봐요. 바바스는 지붕 위에 앉아 있는 저를 보고 손을 내밀어 쓰다듬었어요. 다른 아이들이 도착해서 저는 바바스가 계속 쓰다듬게 놔둔 채로 야옹거렸어요. 그러자 다른 아이들 모두 모여들었어요.

바바스가 물었어요.

"이 고양이, 이 동네 사람이 키우는 거야? 되게 착하다……."

"걔는……. 이 동네 고양이야. 모두 다 알고 있지. 이름은 지기야. 난 마농."

"안녕, 난 세바스티앙인데, 바바스라고 불러. 여기로 이사 왔어."

마농이 물었어요.

"파리에서 왔어?"

"파리 바로 옆에 있는 곳. 파리랑 비슷해. 여긴 적어도 날씨는 좋네! 파리 인근은 항상 비가 오거든! 거기서는 계절이 두 개라고 얘기해. 8월하고, 나머지 달!"

마농, 도리앙, 그레그가 웃기 시작했어요.

그레그가 대담하게 물었어요.

"파리에서는 운동화를 다들 그렇게 신어?"

바바스가 대답했어요.

"아, 이거? 아니, 이건 올여름에 부모님이랑 뉴욕으로 휴가 갔을 때 발견한 거야. 멋있다고 생각했거든!"

세 아이가 합창하듯 소리쳤어요.

"너 뉴욕에 갔다 왔어?!"

그레그가 말했어요.

"얼른 얘기해 봐!"

아이들은 서로 이야기하기 시작했어요. 언젠가는 뉴욕에 갈 생각에 다들 잔뜩 기대감에 부풀었어요. 이제 바바스의 합류로 그룹 멤버 수가 더 많아진 것 같네요.

고양이를 보고 배워요!

고양이는 적응을 잘해요.
고양이는 공감을 잘해요.

다른 것을 통합시키고,
자신이 다른 곳에 통합되는 일은
여러분에게도 일어날 수 있고,
앞으로 살면서 언젠가는
분명히 일어날 일이에요.
타인의 세세한 점까지
판단하는 것은
도움이 되지 않아요.
사람들이 하는 말에
귀 기울이지 말고
그 사람에 대한
자신만의 판단을 하는 방법을
배울 필요가 있어요.
새로운 사람에게 귀 기울이고
그 사람을 받아들이는 방법을 배우는 것은
하나의 기회가 됩니다.
예를 들면 고양이를 받아들이면
얼마나 좋은지 알게 될 거예요!
모두에게 좋은 일이에요!

삶을 누려보는 게 어떨까요?

고양이와의 대화!

휴대폰을 내려놓고 다음 질문에 답해 보세요.

🐾 가족과 친구들에게서 멀리 떨어져 이사를 가본 적이 있나요? 그 변화를 어떻게 겪었나요?

....

....

🐾 삶의 터전을 바꿔야 한다면 뭐가 가장 그리워질까요?

....

....

🐾 아무도 모르는 곳에 가게 된다면 또래 친구들을 만들기 위해 무엇을 할 건가요? 새로운 관계에 통합되고, 관계를 맺기 위해 무엇을 할 건가요?

....

....

- 어떤 사람에 대해 아는 것도 없는데 소문이나 겉모습만 보고 그 사람을 판단한 적이 있나요? 자신이 사람들에게 똑같은 일을 당한다면 어떤 생각이 들 것 같나요?

....

....

- 여러분 반에 '전학생'이 온 적이 있나요? 그 친구에게 관심을 가지려고 해 봤나요? 그 친구에 대해 알려고 노력해 봤나요? 그렇다면 어떤 방법으로 했나요? 시도해 보지 않았다면 왜 그랬나요?

....

....

우리도 낯선 사람들을 만나고 낯선 무리에 들어가야 할 때가 반드시 올 거예요. 오늘이 아니더라도 앞으로 살면서 얼마든지 그런 일이 생길 수 있어요. 관계를 만들려면 다른 사람에게 다가가야 해요. 그렇게 하면 다른 친구들이 먼저 여러분에게 손을 내밀지 몰라요.

ZIGGY

#11 친구들이 때로는 골칫거리!
그 애는 나한테 왜 그럴까?

그룹의 아이들과 마찬가지로 테오도 새 친구들을 사귀었어요. 부모님이 정원에 수영장을 만들고 나서 얼마 지나지 않았을 때였어요.

바다도 멀지 않은 곳에 있지만, 수영장에서 노는 것은 멋진 오후와 저녁 시간을 보내는 또 다른 방법이니까요!

테오는 자신의 생일에 바비큐 파티를 하기로 했어요. 여러 손님이 사촌이나 이웃, 친구를 데리고 놀러 왔어요.

테오는 거기에는 별다른 주의를 기울이지 않았지만 시간이 지나자 초대받지 않은 손님들이 점점 늘어났어요. 테오네 집은 젊은이들을 위한 '해피 하우스'가 되었어요.

하지만 테오에게 그 사람들은 누구죠? 아는 사람? 친구들? 아니면 이 상황을 이용하려는 사람들?

우정인가 남용인가? 신뢰 혹은 의심?

> "고양이가 친근하게 대하기로 선택했다면 큰 문제가 아닐 수 없다. 고양이는 지나치게 까다롭기 때문이다."
> _마이크 뒤프리 Mike Deupree

제가 벽을 따라 마당으로 들어가 해먹에 자리 잡으려고 하는데 수영장에서 '왁자지껄'한 소리가 들려왔어요. 아이 중 한 명이 테오를 불렀어요.

"야! 콜라 좀 가져다줄래?"

테오는 수영장 밖으로 나와 부엌으로 들어갔어요. 테오가 다시 나오자 또 다른 아이가 테오를 불렀어요.

"케이크 없어? 나 배고파!"

테오는 다시 안으로 들어갔어요. 저는 해먹에서 뛰어내려 테오를 따라갔어요. 부엌 식탁 위로 올라가 테오에게 말했어요.

"난, 고등어 한 캔! 어서어서!"

"안녕, 지기, 잠깐만 기다려…….."

"시간 없어. 나 빨리 다시 놀러 가야 해!"

"오늘 무슨 일 있어?"

"쳇, 노예면 서비스 제대로 해야지!"

"노예?"

"그게 맘에 안 들면 하인! 이거 해라, 저거 해라 하고 말하면 시키는 대로 다 하는 사람! 하수인 같은 거지!"

"난 누구의 하인도 아냐!"

"확실해? 그럼 네 '친구들'이 시키는 대로 움직이는 것 그만두지 그래? 너희 집에 허락도 없이 들어온 것도 모자라 계속 너한테 심부름만 시키고 있잖아?"

"뭐, 친구들이니까!"

"단짝 친구? 그냥 친구? 아니면 신경 긁는 사람들?"

저는 '구구우우' 하고 비둘기 울음소리를 냈어요.

"뭐야, 너 비둘기 흉내 내는 거야?"

"그래! 구구! 구구! 구구!"

"나 놀리는 거야?"

"오! 뭐 약간!"

그때 초인종이 울리자, 테오가 문을 열어 주러 갔어요.

"안녕, 난 엔조의 사촌이야. 엔조가 나도 와도 된다고 해서!"

저는 부엌에서 테오가 들을 수 있도록 가장 아름다운 구구 소리를 내기 시작했어요.

"어서 들어와."

"와! 게임기 신제품이네? 나 해 봐도 돼?"

새로 온 친구가 그렇게 말하면서 소파에 앉았어요.

테오가 조심스럽게 말했어요.

"우리 수영하고 있는데……."

"좀 있다 갈게!"

테오는 케이크를 들고 거실 밖으로 나갔어요. 저는 커피 테이블에 자리 잡고 앉아 친구의 '사촌'을 감시했어요.

그 사람은 게임기를 켜더니 주머니에서 담배를 꺼내 불을 붙였어요. 그러자 고약한 냄새가 나기 시작했어요. 끔찍했죠! 3주 동안 갈지 않은 고양이 화장실에서 나는 냄새 같았어요.

그 사람이 저한테 말했어요.

"저리 가, 고양이!"

저는 속으로 남자를 욕하며 그 남자가 이상한 짓을 하고 있다고 일러주려고 테오에게 갔어요. 제가 수영장 주변을 뱅글뱅글 돌자 마침내 테오가 절 따라 집 안으로 들어갔어요.

테오가 크게 소리치며 말했어요.

"아니! 뭐 하는 거야? 우리 집에서 그런 거 피우면 안 돼."

남자가 정원 쪽으로 난 창문을 향해 걸으며 말했어요.

"알았어, 그럼 밖에 나가서 피울게."

"마당에서도 안 돼! 자, 얘들아, 너무 늦었어. 오늘 파티는 그만 끝내자!"

테오가 친구들을 향해 거침없이 말했어요.

'손님'들은 불평하면서 각자 소지품을 챙겨 집을 나섰어요.

이번에는 테오의 인내심이 한계에 달했어요. 그 친구가 너무 멀리 간 거죠. 저는 테오가 더 이상 이용당하지 않고 그렇게 행동해서 만족스러웠어요.

며칠 후, 엔조가 찾아와 자기 사촌의 행동에 대해 테오에게 사과했어요. 이번 일로 두 사람은 진정한 친구가 되는 길을 향해 첫걸음을 내디딘 거예요. 우리는 순간순간 다른 사람들의 영향을 받을 수 있어요. 이용당한다는 느낌을 받지 않고도 상대에게 신뢰를 줄 수 있어요. 하지만 필요한 순간에는 아니라고 말할 줄도 알아야 해요. 전부 받아들이기만 하면 아무거나 요구할 수가 있거든요.
신뢰를 바탕으로 우정을 맺고 싶다면 그렇게 할 필요가 있어요.

고양이를 보고 배워요!

고양이는 진짜 우정이 어떤 건지 알아요.

우정인가? 관계의 남용인가?
절친한 친구인가? 유해한 관계인가?
믿음인가? 의심인가?
가끔은 주변 관계에 대해
주의 깊게 생각해야 할 때가 있어요.
다른 사람들이 믿음을
남용할 수도 있어요.
주변 관계를 신중하게 선택해야 해요.
자신이 깨닫지 못하는 사이에
아주 가까운 친구와
단순히 아는 사이를
헷갈릴 수도 있어요.
그러면서 나쁜 관계가 파고들기도 하죠.
우정은 두 가지 방향으로
작동하는 거예요.
주는 것과 받는 것의 균형에
기반을 두고 있죠.
여러분은 주고받기를 하고 있나요?
우정은 바로 그런 거예요!

우정인가 남용인가?
믿음인가 의심인가?
고양이와의 대화!

우정에 대해 진중하게 생각해 보아요.

🐾 여러분은 친구가 몇 명이나 있나요? 그중에 진정한 친구는 몇 명인가요?

....

🐾 여러분과 친구들 간의 관계는 각각 무엇을 기반으로 하고 있나요? 친구들과의 첫 만남이 어땠는지 이야기해 보세요.

....

🐾 친구에게 기대야 할 일이 있을 때 정말로 믿을 수 있는 친구는 누구인가요? 여러분에게 문제가 있을 때 정말로 믿을 수 있는 친구는 누구인가요?

....

🐾 가까운 친구들은 자주 만나는 편인가요? 어떤 상황에서 만나게 되나요?

....

🐾 친구 집에 자주 초대를 받는 편인가요? 아니면 여러분이 친구와의 만남을 계획하는 편인가요?

....

우정은 우리가 살아가면서 키워나가는 관계 중에 가장 풍요로운 관계예요. 우리가 맺을 수 있는 모든 형태의 관계와 우정을 혼동해서는 안 돼요. 모든 관계가 같은 수준에 놓여 있는 것은 아니니까요. 우정과 그냥 아는 관계를 구분할 줄 알면 많은 걸 깨달을 거예요!

#12 도와줘!
그럼 좀 나아질 거야!

대부분의 아이들은 저마다 콤플렉스가 있어요. 신체적인 것일 수도 있고, 자신의 이미지나 지적인 능력에 관한 것일 수도 있어요. 청소년기에는 신체적으로나 심리적으로나 모든 게 계속 변화해요. 호르몬의 영향도 많이 받고요.

마농도 이 규칙에서 벗어나지 않아요. 마농의 콤플렉스요? 그건 본인이 똑똑하지 않다고 생각하는 거예요.

"계속 헤매고 있어! 난 느려. 난 아무것도 이해 못 해!"

마농은 몇 달째 학교 수업을 따라가지 못하고 있어요. 학교에서 다른 아이들에 비해 많이 늦는 것 같아요. 하지만 그런 이야기를 부모님이나 선생님께 하기보다는 감추고 숙제를 혼자서 하려고 낑낑대요. 자기 수준에 잘 맞는 것처럼 보이려고 애쓰고 있죠……. 하지만 상황이 안 좋은 것 같아 정말 걱정이에요.

도대체 언제까지 다 괜찮은 척, 잘 돌아가는 척할 수 있을까요?

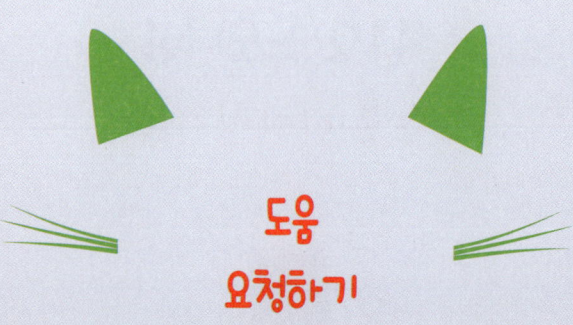

도움 요청하기

> "고양이는 원칙이 있는 것 같다.
> 원하는 것을 요구하는 데 아무런 어려움도 없어 보인다."
> _조셉 우드 크러치 Joseph Wood Krutch

마농이 수학책을 펴놓고 엄지손톱을 물어뜯기 시작할 때, 제가 창문을 긁었어요. 마농은 저의 방문을 기뻐하며 문을 열었어요.

"안녕! 너무 열심히 공부하는 거 아냐?"

"지기, 수학 너무 어려워. 진짜 걱정이야. 아무리 해도 안 풀려."

"무슨 일이야?"

"이해가 안 돼. 작년에는 괜찮았는데, 이제……."

"선생님께 말 안 해 봤어?"

"아니. 나 혼자 할 수 있을 거라고 생각했는데……."

"부모님한테는?"

"부모님은 내가 똑똑하다고 생각하셔, 전에는 내가 반에서 수학을 가장 잘하는 축에 들었거든."

"그건 다들 그래. 어려울 때가 있지! 예전 수업을 복습해 보면 어떨까? 아니면 친구한테 좀 도와 달라고 하면?"

"나 혼자 해 볼래……."

"지금은 네가 갈피를 잡지 못하고 있는 것 같은데. 이제는 공부가 예전처럼 쉽게 느껴지지 않아서 힘들잖아."

"전에는 잘했어. 이건 나 혼자서 따라잡을 거야……. 그냥 왜 이렇게 됐는지 몰라서 답답한 것뿐이야."

"타고난 사람은 없어! 우리는 모두 가끔은 도움이 필요해. 내가 사고를 당해서 앞다리 하나를 잘랐을 때 아주 커다란 붕대를 감고 있었지. 너 정말로 내가 처음부터 혼자서 다 해낼 수 있었을 거라고 생각해? 아니. 어떤 건 집사인 스테판에게 도움을 요청해야 했어. 그러면서 살아가는 방법을 배웠지. 그러고 나서 다시 시작할 수 있게 된 거야."

"하지만 그건 수학도 아니고, 물리도 아니잖아. 나도 다리가 부러졌다면……."

"아니, 아주 똑같은 거야! 너도 너 자신을 다시 정상 궤도에 올려놓는 데 누군가가 필요할 뿐이야. 우선 너 자신이 도움이 필요하다는 사실을 인정하고, 그다음에 도움을 찾아 나서야 해."

"그렇게 간단한 문제가 아니야……."

"너도 알다시피 고양이들은 자신감이 있지만 거만하지 않지. 속으로야 거만한지 어떤지 모르겠지만……. 너는 완벽하지 않고 다 알지 못해도 괜찮아. 네 곁에는 네가 뭘 잘하지 못할 때 널 기꺼이 도와주려는 사람들이 충분히 있으니까."

"내 사촌 중에 고3이 한 명 있는데, 아마도……."

"그래, 좋은 생각이야. 그 사촌한테 연락해 봐. 분명히 기쁘게 도와줄 거야."

"그럴까?"

"그럼. 도움이 필요할 때 도움을 요청한다고 해서 네 가치가 떨어지는 건 아냐. 널 도울 수 있는 사람에게 구조를 요청하는 건 그 사람의 가치를 높여 주는 일이지. 그건 존중과 신뢰를 바탕으로 하는 거야."

"좋아. 주말에 사촌을 만나러 가 볼게."

"수학책 들고! 이건 모두에게 좋은 일이야. 넌 진도를 따라갈 수 있고, 네가 그 이야기를 하면 부모님도 네 공부를 도와주려고 하실 거야. 네 사촌도 네 공부를 도와준 대가로 네 부모님에게 사례를 받으면 서로서로 좋은 거지."

혼자서 해결책을 찾지 못할 때는 도움을 요청하세요. 최대한 빨리, 포기할 지경이 되기 전에 도움을 구해야 해요.

뒤처진 것을 따라잡거나 공백을 메우는 데 아주 약간의 도움이면 충분한 경우가 많아요. 혼자서 배울 수 있을 정도까지만요.

만약 "왜 배워야 해요? 배울 능력을 갖추는 데까지만 도움을 받는 게 무슨 소용이 있나요?"라고 말하는 사람들이 있다면 그 대답은 간단해요. 여러분이 알게 되는 모든 것이 미래의 여러분을 만들 테니까요. 학교에서 배우는 게 전부는 아니에요. 여러분 스스로 관심 있는 주제를 더 깊이 파고들어 보세요.

고양이를 보고 배워요!

고양이는 언제나 요구해요.
고양이는 호기심이 많고
조용하며 타고난 관찰자예요.

여러분이 아는 것이
오늘의 여러분을 만들었죠.
내일의 여러분은
어떤 모습이고 싶나요?
여러분이 되고 싶어 하는 것을 위해
약간의 도움과 지지가 필요하다면
왜 도움을 요청하지 않나요?
거기서 좀 더 나아가기 위해
노력하고, 뒤처지기 전에
도움을 받으면서
즐겁게 도약하지 않나요?
그러면 더욱 전진할 텐데요.
고양이는 그게 참 이해가 안 된다고요!

도움 요청하기
고양이와의 대화!

🐾 어려움을 겪고 있다고 느껴질 때 도움을 요청하나요? 누구에게 도움을 요청하나요?

....

🐾 주위 사람들이 여러분의 학교 공부에 어떻게 개입하고 있나요?

....

🐾 주변에 어려움을 겪고 있는 사람이 있나요? 어떻게 도와줄 수 있을까요?

....

🐾 여러분이 취약하다고 느끼는 분야는 무엇인가요? 어떻게 향상시킬 수 있을까요?

....

🐾 여러분이 원하는 직업을 가지기 위해 공부해야 할 중요한 과목이 있나요? 어떤 거죠? 그 분야를 더욱 갈고 닦으려면 어떻게 해야 할까요?

....

인생은 끝없는 배움의 길이에요. 계속해서 배우는 사람은 계속해서 성장해요. 내일 '존재'하기 위해서는 오늘 '배우세요'! 자, 결의를 다지자고요!

ZIGGY 🐾

#13 복수?
그건 아무런 도움이 되지 않아!

청소년기는 경쟁의 시기예요. 일부 남자아이들은 키나 이두박근을 비교하기도 하죠. 무리 지어 사는 동물들의 우두머리가 힘으로 결정되는 것과 그다지 다르지 않아요.

그 부분에서는 고양이도 예외가 아니에요.

제가 오늘 찾아가야겠다고 생각한 야니스는 싸움을 좋아하는 아이는 아니에요. 그런데 오늘 제가 들은 소문대로라면 '폭력을 행사'해서 학교에서 이틀 동안 정학 처분을 받았대요.

싸움했다니? 정말 놀라웠어요…….

도대체 무슨 일이 있었던 걸까요?

손을 봐 줄 것인가 놔둘 것인가!

> "실수하는 것은 인간이고, 가르랑거리는 것은 고양이다."
> _로버트 바이른 Robert Byrne

야니스는 주말 동안 외출 금지를 당한 것 같아요. 그래서 제가 야니스 방의 창문을 두드렸어요.

"안녕, 야니스!"

"안녕, 뚱뚱보……."

"뭐야? 왜 주말인데 친구들하고 안 놀아?"

"벌 받는 중이야. 정학당한 것 때문에 부모님이 교장 선생님께 불려 갔었거든. 이틀 동안 정학당했어……. 집안 분위기는 말 안 해도 알겠지."

"무슨 일이 있었는데?"

"아무 일도 없었어! 마주칠 때마다 날 괴롭히는 녀석이 있는데 걔 때문이야. 매번 날 벽으로 밀거나 어깨를 치고 간다고!"

"그래서 네가 어떻게 했어?"

"처음엔 짜증이 났고, 친구들한테 그 얘길 했지. 그래서 그만두게 하려고 그 애를 찾아갔고……."

"그리고? 어떻게 했어?"

"아무것도 안 했어……. 친구들이 약간 소란을 피운 것뿐인데, 그러고 나서 그 애가 교장실로 달려갔고, 우리 네 명이 자기를 넘어뜨리고 때렸다고 말했어. 하지만 그건 사실이 아니야! 먼저 시작한 건 그 애였다고! 정말 짜증 나. 몇 주 전부터 우리를 찾아다닌 건 그 애였는데. 게다가 난 아무것도 안 했어. 정말 억울해!"

"알겠어. 하지만 넌 몇 가지 잘못을 했어."

"무슨 잘못?"

"우선, 그 애가 강하다고, 너보다 훨씬 강하다고 생각한 점. 그리고 그 애가 교장 선생님께 가서 항의할 거라고 생각하지 못한 점."

"그 애가 강한 척한 거야……. 쳇!"

"하지만 그게 다가 아니야. 너 고양이가 위험에 처했다고 느낄 때 어떻게 하는 줄 알아?"

"아니?"

할 것 하나 없어. 원래 놀라면 더 겁을 먹게 되는 법이니까. 안전한 상태거나 더 우위에 있거나 안전한 장소에 있을 때는 그렇지 않으니까. 다른 방법은 지난번에 집 근처에서 날 따라다니던 개한테 써먹은 방법인데, 내 집사가 있는 쪽으로 방향을 틀어서 집 안으로 달려갔지. 집사 스테판이 녀석을 쫓아냈어."

"하지만 시작한 건 그 녀석이었다고……. 내가 그 녀석을 보러 먼저 간 게 아니라…….”

"봐, 야니스, 결국 네가 선생님께 가서 그 사실을 알리지 않아서 네가 잘못한 게 된 거야. 그 남자애와 1대 1로 맞서지 않고 4대 1로 대응하려고 했기 때문에 넌 피해자에서 가해자로 바뀌게 된 거지. '권력'을 가진 사람들은 그런 걸 기준으로 판단해. 넌 억울할지 모르겠지만."

"우리는 그 애한테 아무것도 하지 않았어. 그냥 약간 겁만 주려고 했고 그러다가 멈췄다고."

"그랬을지 모르지. 하지만 그 애는 그걸 이용해서 널 비난했잖아. 그건 물론 용감하지도, 솔직하지도 못한 행동이었지만 결국엔 그것 때문에 누가 벌을 받았지?"

"그럼 내가 주먹질을 당하거나 교장 선생님께 가서 고자질하거나 했어야 한다는 거야?"

"한 가지 사실은 확실해. 네가 문제 상황에서 많은 학생에게 둘러싸여 있었다면, 그리고 많은 아이가 다 같이 문제를 제기했다면 그 애가 난처해지겠지. 생각해 봐. 그런 거 말고 정당하게 반박할 방법은 없었을까?"

싸움에서 승자는 결코 존재하지 않아요. 그렇다고 해서 모든 것을 수용하고 아무 말 없이 당하기만 하라는 뜻은 아니에요.

그 일이 있고 난 지 일주일 후, 저는 야니스와 마주쳤어요. 야니스는 좋은 해결책을 찾았대요. 어떻게 했냐고요? 우선, 야니스는 다른 피해자 아이들을 만나러 갔어요. 그다음, 다 함께 모여 교장 선생님을 찾아갔죠. 한 사람씩 불만을 이야기하러 가면 그냥 불평으

로 들릴 수 있어요. 하지만 열 명이 모여서 함께 이야기한다면 그건 증언이 되고, 판단도 뒤바꿀 수 있어요. 더 강렬한 효과를 낼 수 있는 거죠.

그 문제의 아이는 거짓말을 꾸며낸 것에 대해 일주일간 정학을 당했어요.

때로는 더 강해지기 위해 힘을 합쳐야 할 때가 있어요. 하지만 연대는 싸움을 하기 위해서 하는 게 아니에요. 쳐부수기 위해서가 아니라 이기기 위해서 유용하게 쓰는 거예요.

고양이를 보고 배워요!

고양이는 싸움을 피할 줄 알아요.
(가능한 만큼 최대한)

폭력은 피하는 게 상책이에요.
하지만 싸움이 생겼을 때는
대응하는 법을 알아야 해요.
아무렇게나 대처하면 안 돼요.
그 대처의 결과가 여러분에게
되돌아오기 때문이에요.
싸움을 걸어오는 사람이
두렵든 두렵지 않든
자신만 정당하면 된다는 생각은
좋은 방법이 아니에요.
'싸움을 거는 사람들'은
용감한 사람이 아니에요.
그리고 분명히 여러분 주위에는
바보 같은 짓을 중재할 수 있는
사람이 있을 거예요.
복수는 비겁하고 쓸데없는 일이에요.
왜냐하면 정의는 항상 옳은 편에
서기 때문이에요.
그게 잘 하는 거예요!

나한테 보복할지 몰라!
(아닐지도)
고양이와의 대화!

대응하고 방어하는 법을 배워요. 그 주제에 관해 몇 가지 질문을 해 볼게요.

🐾 여러분은 야니스와 같은 상황에 처했던 적이 있나요? 그렇다면 어떻게 대응했나요? 왜 그렇게 했나요?

....

🐾 폭력으로 피해를 본 사람을 알고 있나요? 어떻게 도와줄 수 있을까요?

....

🐾 화를 잘 내는 편인가요? 화가 나서 싸움을 할 때가 있나요? 어떤 이유 때문이었나요?

....

🐾 싸움하게 될 상황에 처했을 때, 어떻게 그 상황을 피할 수 있을까요? 폭력 없이 해결책을 찾는 방법을 알고 있나요?

....

🐾 폭력 문제가 있을 경우 누구에게 가서 이야기할 건가요? 직접 가서 이야기할 건가요?

....

경쟁과 싸움은 삶의 일부예요. 그렇다고는 해도 폭력이 갈등을 해결해 주지는 않아요. 두 명의 패자가 남을 뿐이죠. 문제가 있을 때에는 침착하게 정당한 방법을 생각해 봐요. 그 편이 훨씬 더 효과적이에요. 가끔은 몸이 근질거려 죽겠을 때도 있긴 하지만요.

#14 집에서
이거 해라, 저거 해라!

조에, 귀여운 조에, 넌 언제 차분해질 거니?

조에가 거실 문을 수십 번 쾅쾅 두드리더니 자기 방으로 급히 들어가 침대로 뛰어드는 모습이 보였어요.

그때까지는 참 조용한 분위기였거든요. 저는 햇볕을 쬐며 조에가 평소처럼 제 간식을 가져오기를 기다렸어요.

하지만 조에는 일어서더니 책과 공책을 벽에다 집어 던지기 시작했어요. 조에는 소리를 지르고, 울고 베개를 마구 두드렸어요.

귀여운 조에한테 무슨 일이 있었던 걸까요?

노력하는데 왜 항상 똑같을까?

> "고양이는 평온을 받아들이는 유일한 동물이다.
> 하지만 집안에만 구속되기는 거부한다."
> _조르주 루이 르클레르크 드 뷔퐁 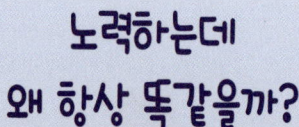Georges Louis Leclerc de Buffon

"바이올린 지겨워! 동생도 지겨워! 새엄마도 지겨워!"

저는 창문 틈으로 고개를 들이밀었어요.

"뭐야! 뭐야, 조에! 무슨 일이야?"

"더는 못해, 이 집구석! 식구들도 다 싫어! 여기서 나가고 싶어!"

제가 말했어요.

"진정해, 조에."

"항상 똑같아. 그 사람들이 들어온 이후로, 새 동생만 챙긴다고. 걔는 아무것도 하지 않는데 나한테만 일 다 시키고. '조에, 이거 정리해! 조에, 이거 버려! 조에, 빨래 너는 것 좀 도와줘! 조에, 쓰레기 내놔…….' 내가 일하는 동안 걔는 놀기만 한다고. 이해가 가? 걔는 절대 피곤해지면 안 되는 애야. '자기 엄마한테는 항상 어린 왕자님'이니까! 새엄마는 날 노예 취급해. 더는 보고 싶지 않아."

"그것 때문에 화가 난 거야? 새엄마가 너와 더 가까워지고 싶어서 그러는 건 아닐까? 아빠는 뭐라고 하시는데?"

"아무 말도 안 해. 아빠는 새엄마한테 화내지 않으려고 못 본 척한다니까. 게다가 아빠는 나한테 바이올린 레슨도 계속 받으라고 강요해. 난 바이올린 정말 싫은데."

"지난주에 엄마네 집 갔을 때는 어땠어?"

"좋았지! 새엄마도, 새 동생도, 바이올린 레슨도 없고. 꿈같았다고. 엄마네 집에 가서 살고 싶어."

"아빠는?"

"아빤 상관 안 해. 내가 없으면 아무 문제 없이 셋이서 더 평화롭게 지내겠지."

"참 어렵구나, 조에. 아빠는 널 사랑하셔. 네가 함께 살지 않으면 아빠는 정말 슬퍼하실 거야. 내가 장담해."

"네 말은……"

"그래. 네가 아빠한테 말해야 해. 아빠는 네가 행복하지 않다는 걸 깨닫지 못하고 계실 수도 있어."

"아빠는 나보다 새 동생한테 더 관심이 많은 것 같아. 아빠한테 막 운전 배우기 시작했는데……. 그건 정말 좋았어. 그런데 이제 그것도 안 해 주고!"

"아빠가 지금은 시간이 없어서 그러실 거야."

"하지만 다른 사람들한테는 시간 많이 내고 있는걸."

"그래, 하지만 아빠는 이미 네 사랑은 얻었고, 새 가족이 잘 지내려면 지금은 네 새 동생의 애정을 얻어야 할 때라고 생각하고 있을지 몰라. 그냥 너한테 서툴러서 그러신 것 같아. 그러려면 네가 아빠한테 이야기해야 해."

"너희 고양이들은 이런 문제는 없겠다."

"너도 알겠지만 한배에서 나온 고양이 중에 처음 몇 주 동안은 꼭 다른 애들하고 떨어져서 지내는 애가 하나씩 있어. 엄마가 밀어내는 것도 아닌데 다른 형제들하고 잘 어울리질 못해. 그런데 이상하게 인간들은 그런 녀석들을 더 좋아하더라……."

"그게 나랑 무슨 상관이야?"

"솔직히, 조에, 네 새 동생이나 새엄마가 정말로 네 걱정의 원인이야? 바라지 않던 새 가족이 생겨서 네가 거리를 두고 있는 건 아닐까? 옛날 생활을 그리워하면서 말이야……."

"왜 항상 나만 다 잘 되게 하려고 노력해야 하는 거야?"

"다른 사람들은 아무 노력도 하지 않는다고 확신해? 혹시 네가 그 사람들을 거부하는 건 아니고? 그냥 도망칠 생각만 하고 원하는 대로 안 되면 문이나 걷어차면서 말이야?"

"이제 다 내 탓이라고 하는구나."

"들어 봐, 조에, 이건 누구의 잘못도 아냐. 하지만 각자가 조금씩은 자신의 잘못으로 받아들일 필요가 있어. 네 새 동생한테 관심 가져 본 적 있어? 새 동생이랑 함께 시간 보내 본 적 있어? 새엄마는? 넌 정말 새엄마가 너와 싸움이라도 하고 싶어 한다고 생각해? 너희 아빠와 문제를 만들면서까지?"

"모르겠어……."

"내가 보기엔 확실히 아니야. 그러니까 너무 방어적인 태도만 보이지 말고 좋은 시간을 만들려고 노력해 봐. 예를 들면 다 같이 집안일을 분배해서 할 수 있게 표를 만들자고 하는 거야. 새엄마도 분명히 좋아하실 거야!"

"나쁘지 않네!"

"네가 새엄마한테 뭔가를 같이 하자고 해 보면 어떨까? 그러면 서로를 알아 가는 데에도 도움이 될 거야. 그런 식으로 생각해 보는 거지!"

"좋아. 생각해 볼게……."

돌아오는 토요일, 조에는 새엄마와 함께 일주일 치 장을 보러 가기로 했어요.

몇 시간 후에, 두 사람은 현관 밖으로 나섰어요. 자동차가 차고 밖으로 나와 멈춰 서더니, 조에의 새엄마가 자동차에서 내렸어요. 그러더니 한 바퀴 돌아와 조에에게 운전석에 앉아 보라고 했어요.

조에는 안전벨트를 매고 새엄마와 몇 마디를 나눴어요. 자동차가 꾸물꾸물 조금씩 움직이더니 마침내 골목길을 부드럽게 달리기 시작했어요.

때로는 이런 일이 사람 관계를 이어 주고 함께 처음으로 웃을 기회를 만들어 줘요.

고양이를 보고 배워요!

고양이는 겸손하고 너그러워요.
고양이는 차분해요(대부분).

재혼 가정에서 생활하는 건
처음에는 약간 복잡할 수 있어요.
이런 상황에 처한 친구가 있거나
여러분이 이런 상황에 처해 있나요?
부모님은 처음에는
이런 상황에 서툴러 보일 수 있어요.
실제로 부모님들은
새로운 생활에 잘 적응할 수 있도록
모든 상황과 모든 이들을
관리하려고 하는 것처럼 보여요.
부모님도 실수할 때가 있고
때로는 지나치고,
때로는 부족하게 느껴지기도 해요.
부모님에게도 너그러워지려고 노력해 보세요.
이 상황이 바람직하지 않다는 생각이 들면
망설이지 말고 부모님께 말하세요.
부모님이 유일하게 바라시는 건
모두가 자신의 자리를 찾고
행복하게 사는 것일 테니까요.
조금 더 귀 기울이고
조금 더 인내심을 가지고
조금 더 마음을 차분히 가라앉혀 보세요.
분명히 더 좋아질 거예요!

노력하는데
늘 똑같다고요?

고양이와의 대화!

마음을 가라앉히고, 이야기에 귀 기울이고 서로 알아가는 방법을 배워요!

🐾 집안에 갈등이 있나요? 어떤 갈등인가요? 누구와 갈등이 있죠? 무슨 이유 때문인가요?

....

🐾 집안에서 부당한 취급을 당하고 있다고 느끼나요? 어떨 때 그런가요?

....

🐾 부모님과 터놓고 대화를 한다면 어떤 부분에서는 관계를 향상시킬 수 있다고 생각하나요? 어떤 부분일까요?

....

🐾 재혼 가정이라면 새아빠나 새엄마의 입장에 서 보려고 노력한 적이 있나요? 여러분이 새아빠나 새엄마라면 여러분과 잘 지내기 위해 무엇을 하려고 할까요?

....

🐾 여러분이 조에의 입장이라면 상황을 해결하기 위해 무엇을 할 건가요?

....

서로 이해하는 법을 배우고, 적응하는 법을 배우고, 서로 사랑하는 법을 배워요. 우리가 자기 자신과 상대방에게 기회만 준다면 시간이 문제를 해결해 줄 거예요.

ZIGGY 🐾

#15 거짓말쟁이?
그만 좀 해!

 매일 아침 저의 일과 중 하나는 나탕을 깨워 침대 밖으로 내보내는 거예요. 나탕의 부모님은 일찍 일하러 나가세요. 나탕은 아침잠이 많아 아침에 일어나기를 무척 힘들어해요.
 나탕은 처음 몇 번 지각하고 나서는 학교에 지각한 변명 거리를 만들어 내기 시작했어요. 그러더니 변명에 점점 더 맛을 들이고 있어요. 작은 변명에서 시작해 진실을 왜곡한 나탕은 무슨 처세술이라도 되는 것처럼 일상에서도 부모님께, 선생님께, 심지어 친구들한테도 거짓말을 하기 시작했어요.
 가끔 거짓말을 하는 것과 전문적인 거짓말쟁이는 종이 한 장 차이밖에 나지 않아요. 이야기를 지어내는 게 반복되고 쌓이다 보면 결국…….

거짓말 좀 그만둬!

> "거짓말은 고양이와 같다. 밖으로 나오기 전에, 정말로 따라잡기 어려운 상황이 되기 전에 멈춰야 한다."
> _찰스 M. 블로우 Charles M. Blow

저는 창틀에 붙어서 나탕을 부르며 창문을 긁어댔어요.

"나탕! 일어나, 게으름뱅이, 이러다 또 늦어!"

"조용히 해, 지기. 아직 시간 안 됐어……."

"지금 안 일어나면 수학 선생님께 혼날 거야! 다른 애들은 벌써 버스에 탔을 시간이라고!"

"정말? 젠장!"

나탕은 벌떡 일어나 티셔츠를 입었어요. 버스는 아직 지나가지 않았지만 작은 거짓말을 해서 나탕을 깨우고 움직이게 할 수 있다면 괜찮아요.

"간다! 이따 봐!"

"야! 샤워는? 안 씻어서 냄새난다고!"

"시간이 없어…….''

"매일 똑같아. 이 더러운 녀석. 얼른 가서 씻어. 안 그러면 소문 낼 거야."

"알았어, 가면 되잖아."

"봐. 난 온종일 맨발로 돌아다니지만 절대 발에서 냄새가 나지 않아. 씻는 건 좋은 거야. 수도꼭지 틀어 놓고 오래 있을 필요도 없어. 네가 태블릿 게임 한 판 할 시간이면 된다고!"

저도 좀 고압적으로 들릴 수도 있다는 건 알아요. 하지만 나탕은 벌써 나흘째 씻지 않고 학교에 갔다고요. 엄마가 시켰다고 거짓말을 하면서 온몸에 향수를 잔뜩 뿌려요. 냄새가 나는 건 정말 끔찍해요! 바늘 도둑이 소도둑 된다고 작은 거짓말쟁이는 큰 거짓말쟁이가 되고 말 거예요.

하루가 끝나갈 때, 나탕이 집으로 돌아왔어요. 평소와 달리 오늘은 아빠와 함께였어요.

아빠가 말했어요.

"교장 선생님께 불려 갔다고! 너 도대체 어디 있었던 거야?"

나탕이 항의했어요.

"화내지 마세요. 제 탓이 아니에요. 버스를 코앞에서 놓쳤단 말이에요! 그래서 걸어가야 했어요!"

"4킬로미터를 걷는 데 세 시간이나 걸려?"

"학교 문이 닫혀서 들어갈 수가 없었어요."

"알았어. 그만 들어가서 숙제하렴. 나도 다시 사무실에 가야 하니까. 나중에 엄마 오면 다시 얘기하자."

나탕이 집으로 들어갈 때 나탕의 휴대폰이 울렸어요.

"안녕, 마트! 알아, 늦었어. 여자 친구랑 같이 있느라……. 그래,

알았어! 시작하려고 나 기다린 거야? 알았어, 금방 가!"

나탕은 전화를 끊었어요. 정말, 너무하네요. 제가 나탕의 앞을 가로막았어요.

"오, 나의 왕자님! 오늘 잘 지냈어?"

"별일 없었어! 오늘 아침엔 고마웠어. 버스도 바로 탔고. 좀 덥더라."

"알아. 다음엔 너희 아빠랑 같이 버스 정류장 지붕 위에 올라가서 지켜봐야겠어."

"무슨 소리야? 무슨 일로……."

"좀 전에 아빠랑 같이 얘기하는 거 나도 옆에서 다 들었어. 자꾸 거짓말로 너 자신을 진창에 빠뜨리지 말라고. 너 오늘 학교 땡땡이쳤잖아!"

"아, 그거. 별거 아냐. 가는 길에 친구들 만나서 그냥 동네 좀 돌아다니느라고. 숙제도 있었는데 하나도 못 했거든."

"그러니까 하루 동안 넌 부모님과 선생님, 친구한테까지 거짓말을 한 거네. 교장 선생님께 불려 갔던 걸 여자 친구와 약속이 있었던 걸로 바꾸고? 너 작가 마크 트웨인 Mark Twain이 고양이에 대해 뭐라고 말한 줄 알아? '고양이와 거짓말의 가장 큰 차이점은 고양이에게는 아홉 개의 목숨이 있다는 점이다'."

"알아, 그냥 그건……. 그렇게 심각한 건 아니었잖아……."

"아직 너의 크고 작은 거짓말을 멈출 시간은 충분해. 더 심각한 문제가 되기 전에. 당장 오늘 저녁에 네가 학교 안 간 거 설명하기부터 어렵잖아……. 이러다가 모두 네가 그동안 거짓말만 해 왔다는 걸 알게 되면? 널 계속 거짓말쟁이라고 생각하면? 이제 누가 널 믿겠니? 누가 너와 함께 있으려고 하겠어?"

"쳇……. 알아, 그냥 잠깐 꾀부린 것뿐이야. 그냥 그렇게 말이 나왔고, 나도 별생각 없이 한 거야."

"거기에 대해서 잘 생각해야 해. 앞서 한 거짓말을 사실로 밀어붙이려고 계속 새로운 거짓말을 만들어 내야 할 수도 있어. 그럼 거짓말이 점점 더 커질 거야. 네 인생, 네 주변 사람들의 인생까지 궁지로 몰아가는 거야. 이해가 돼?"

"응, 알겠어. 좋아, 잘 알았어. 들어갈게……."

"그게 다가 아니야! 지금 들어가면 내일은 제시간에 깨끗하게 씻고 다른 친구들하고 함께 버스에 타는 거야. 나도 정류장에 있을 거야. 좀 더 믿음직스럽고 약속을 잘 지키는 청소년을 보길 바랄게. 좀 더 나중에 거짓말하지 않는 자유로운 남자와 악수할 날이 왔으면 좋겠다."

"좋아, 지기, 약속할게!"

"자, 하이파이브, 친구!"

"자!"

나탕이 멀어지는 모습을 보고 있으니까 짧은 노래가 떠올랐어요. "좋아하는 사람에게 당장 좋은 효과를 내려고 거짓말을 할 필요는 없어요. 거짓말로 아이를 웃게 할 순 있지만, 효과는 오래 가지 않아요. 아이가 어른이 되면 고양이의 거짓말에 아무도 웃지 않아요."

어른이 되고 싶다면 거짓말을 그만두세요. 결국에 거짓말은 아무 소용없으니까요.

고양이를 보고 배워요!

고양이는 자연스러워요.
고양이는 항상 정직해요.

부모님에게, 주위 사람들에게, 친구에게
하는 말 안에,
하는 행동 안에,
진심을 담으세요.
거짓말을 시작하면
여러분이 그 거짓말에 말려들어요.
이미 한 거짓말과
다르게 말하지 않으려고
한 말을 전부 기억해야 해요.
그건 너무 힘들고
불가능한 일이에요.
그 때문에 시간과 에너지를 낭비하고
무엇보다 주변 사람의 신뢰를
잃을 수 있어요.
언젠가는 실수하는 날이 올 테니까요.
그 순간이 오면,
누구도
여러분이 무슨 말을 하든
믿지 않을 거예요.
거짓말은 하지 않는 게 좋아요.
그편이 훨씬 더 살기 쉬워요.
그건 분명한 사실이에요!

거짓말 좀 그만둬!
고양이와의 대화!

거짓말을 하는 친구든 안 하는 친구든 다음 질문에 대답해 보세요!

🐾 작은 거짓말을 하는 경우가 있어요. 그런 일이 자주 있나요? 어떤 경우에 그런가요?

....

....

🐾 여러분은 언제 거짓말을 하나요? 아니면 언제 사실을 부풀리나요? 어떤 경우에 그랬나요?

....

....

🐾 거짓말을 지어낸 적이 있었다면 그로 인해 얻은 좋은 점은 무엇이었나요? 그 거짓말을 할 때 어떤 위험을 무릅써야 했나요? 장점과 단점을 나열해 보세요.

....

....

🐾 친구들이 하는 말에 의심이 들 때가 있나요? 거짓말이라는 증거를 찾을 만한 지표나 징후가 있었나요?

....

....

🐾 다른 사람이 여러분에게 거짓말을 했다는 사실을 알았을 때 어떻게 하나요? 어떻게 반응하나요? 그 후에 그 사람을 어떻게 대하게 되었나요?

....

....

누구나 자기 경험을 이야기하면서 어느 정도는 사실을 부풀리기도 해요. 하지만 이야기를 통째로 지어내는 건 해서는 안 될 일이에요. 그건 다른 사람들이 우리에게 갖는 믿음과 신뢰에 관계되는 일이에요. 그냥 '놀라움을 주는 것'과 '거짓말을 하는 것'은 전혀 달라요.

ZIGGY 🐾

#16 사랑? 다 잘 될 거야!
하지만 먼저 다가가!

어릴 때는 부모님, 가족, 친척들과 다양한 감정적 관계를 맺어요. 각각의 관계가 전부 다르지만 청소년기 초기에는 그 모든 관계가 중요하게 느껴져요. 관계는 생겨나고 변화하고 사라지기도 하며 우리 삶의 많은 부분을 차지하기도 해요.

부모님의 이혼으로 여전히 불안한 상태인 클라라는 복잡한 생각들을 날려 버릴 수 있는 새로운 형태의 감정을 발견하는 중이에요.

클라라의 '첫 감정', 첫사랑은 예고 없이 찾아왔어요.

요즘 클라라는 올해 반에 새로 전학 온 프랑스와 영국 혼혈인 킬리안 생각으로 가득 차 있어요.

킬리안, 킬리안의 보조개, 킬리안의 미소……. 하지만 킬리안에게 어떻게 마음을 표현해야 할지 모르는 것 같아요.

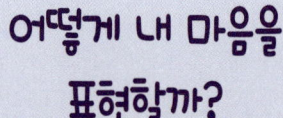

어떻게 내 마음을 표현할까?

> "말랑손 키티, 저는 생각해요. 우리가 나란히 함께 걸을 때면 이렇게 계속 같은 편에 서서 걸을 수도 있지 않을까 하고요."
> _ '장화 신은 고양이' 푸스

클라라는 발코니 난간에 기대어 한숨을 쉬고 있어요.

"그 애한테 어떻게 말하지? 어떻게 그 애가 알게 하지?"

인간과 동물에게 공통된 주제가 있다면 그건 바로 사랑이에요. 우리 고양이들도 사랑에 빠질 수 있다는 사실을 알고 있나요?

고양이들이 가장 사랑에 잘 빠지는 대상은 인간이지만, 인간은 우리가 인간에게만 사랑에 빠진다고 생각해요. 뭐, 그런 고양이도 있겠죠. 사실이에요. 하지만 여러분처럼 고양이들끼리도 열정적인 감정을 느낄 때도 있어요.

오늘 저녁, 클라라는 사랑의 감정에 빠져 좋아하는 사람 생각에서 헤어 나오지 못하고 있는 것 같아요.

저는 클라라를 방해하고 싶지 않아 곁으로 살금살금 다가가 옆에 자리를 잡고 앉았어요.

클라라는 저를 발견하지 못하고 다시 한숨을 쉬었어요. 저는 조금 더 클라라에게 바짝 다가갔어요. 클라라가 중얼거리며 말했어요.

"그 애가 날 보게 하려면 어떻게 해야 하지? 그 애는 날 쳐다보지 않는데……. 뭘 해야 하지?"

저는 망설이다가 속삭이듯 말했어요.

"그녀 이름은 무니아였지. 모로코에서 온 암고양이였어. 여주인과 함께 우리 집으로 이사를 왔었지. 우리는 좋은 시간을 함께 보냈는데, 어느 아름다운 날 아침, 그녀는 떠났어."

"안녕, 지기! 내 말 다 들었어?"

"응……."

"무니아는 왜 떠났는데?"

"우리 집사들이 헤어지면서 이사를 했거든. 그 후로는 다시 볼 수 없었어. 난 어떻게 그녀를 다시 찾아야 할지 알 수 없었지."

"정말 슬프다……."

"클라라, 그게 인생이야. 그래서 고백을 망설이면 안 돼."

"뭘 고백해?"

"누군가를 좋아할 때 그 사람한테 좋아한다고 하는 고백 말이야. 나는 무니아에게 좋아하는 마음을 충분히 전하지 못했는데, 어느 날 갑자기 그녀는 떠나 버렸어. 인간은 거기에 대해 아무것도 해 줄 수 없지. 인간은 우리 고양이들도 때로는 관계를 맺는다는 사실을 깨닫지 못해. 누가 알겠어?"

"누가 뭘 알아?"

"네가 킬리안에게 가진 감정에 대해 누가 알아?"

"아무도……. 아무도 모르지……."

"안 됐네. 특히 너한테, 그리고 그 남자애한테……."

"내가 뭘 어떻게 하길 바라는데?"

"현재에 충실해. 너에게 닥친 감정에 충실해. 사랑은 아주 드물게 찾아오는 매우 소중한 감정이야. 단 1초라도 그 감정을 놓쳐서는 안 돼."

"하지만 그 애가 어떻게 생각할지 모르니까……. 그 애가 나란 존재를 알고 있는지조차 모르겠는데."

"확실한 방법이 있어. 너희 둘이 가까워지게 하는 방법은 아니야. 적어도 그 애가 널 주목하게 할 수는 있지!"

"어떤 방법인데?"

"그 애 앞에서 계속 얼쩡거리는 거야!"

"예를 들면?"

"그렇다고 바짝 붙으라는 건 아니고. 그 애가 있는 환경 안에 머물러 있는 거야. 학교 식당에서 버스 정류장에서, 지리 시간에, 방과 후 밖으로 나갈 때, 숙제할 때, 아니면 마트에서 '우연히' 마주치는 방법도 있지. 그냥 넌 그 애가 있는 장소에 함께 있는 거야. 그러다가 웃으면서 인사하는 거지. 천천히 해야 해. 네가 그 애의 세계에 들어 있다는 사실이 그 애한테 익숙해질 때까지."

"계속 말해 봐."

"그냥 그렇게 그 애를 보면 말을 건네! 이제 준비된 것 같아?"

"응, 좋았어. 네가 말한 방법대로 해 볼게. 그런데? 그 후에는?"

"한동안 그 애의 시야에서 사라지는 거야."

"그냥? 왜?"

"공백, 부재를 만들기 위해서지. 그다음에 그 애가 다가오게 만드는 거야. 늘 있던 곳에 없는 너, 네가 만든 공백에 그 애가 주목하게 만드는 거지."

"그래? 그럼 어떻게 될까?"

"그건 모르지, 클라라. 하지만 무슨 일이 생기든 놀라지 마. 쉬는 시간에 그 애가 다가와서 왜 이런저런 곳에서 네가 보이지 않았는지 물어볼 수 있겠지."

"그러고 나면?"

"그러고 나면 네 마음대로 하면 되지. 그 애한테 영어로 말해 볼 수도 있고! 네 악센트 때문에 그 애가 웃을지도 모르지. 아니면 감동할 수도 있고."

"계획을 세워야겠네. 확실하게……."

"클라라, 사랑은 계산처럼 정확하게 되는 게 아니야. 나머지는 삶이 알아서 만들어 가게 내버려 두어야 해. 그 애가 받아들이든 받아들이지 않든 그건 그 애의 몫이지. 하지만 넌 크게 한 걸음 내디딘 거야. 더는 그 애가 네 존재를 알고 있느냐 모르느냐를 두고 고민할 필요 없잖아."

몇 주 후, 저는 클라라의 집 발코니로 갔어요. 클라라는 이번에도 발코니 난간에 기대어 있었어요. 얼굴 가득 미소를 띤 채로요.

왜 미소를 짓고 있는지 저에게 말해 줄까요? 클라라가 과연 이야기를 들려줄까요? 사랑 이야기는 사랑을 하고 있는 두 사람만의 이야기니까요!

고양이를 보고 배워요!

고양이는 사랑을 갈구해요.

여러분에게 들려 주고 싶은
진실 하나가 있다면,
인간이든 고양이든
첫사랑을 기억한다는 점이에요.
첫사랑은 우리 미래에
중요한 한 부분을 차지하기도 하죠.
그러니 서두를 필요 없어요.
첫 감정을,
사랑과 열정의 첫 순간을
천천히 음미하세요.
사랑의 감정은 함께 나누는 거라서
내 마음대로만 되지는 않아요.
하지만 사랑은 분명 존재하고
언젠가, 어디에선가
여러분을 기다리고 있다는 사실을
잊지 마세요.
그렇게 기다리다 보면
모든 일이 잘 될 거예요.

어떻게 날 바라보게 할까?

고양이와의 대화!

사랑에 관해 이야기해 볼까요?

🐾 사랑에 빠졌을 때 신체적으로 나타나는 증상이 있나요? 어떤 증상이 있었죠?

....

🐾 누군가와 사랑에 빠져 본 적 있나요? 그 사람이 여러분을 주목하게 하려고 어떻게 했나요?

....

🐾 감정을 나누지 못하고 짝사랑만 한 적이 있나요? 그 시기를 어떻게 견뎌 냈나요?

....

🐾 사랑을 몇 마디로 정의해 볼까요?

....

🐾 남녀 사이의 감정이 남자끼리 혹은 여자끼리의 감정과 똑같다고 생각하나요?

....

🐾 여러분 마음속에 있는 감정을 누구에게 털어놓을 수 있나요? 다른 누군가가 비밀스러운 사랑의 감정을 여러분에게 털어놓은 적이 있나요?

....

진실하고 싶은 첫 감정을 발견하고, (퀘벡에서 쓰는 표현대로) 사랑에 빠지는 민감한 기술을 발견하는 것은 인생의 커다란 부분을 차지해요. 영원히 끝나지 않는 질문이기도 하죠. 인생의 가장 아름다운 선물이기도 하고요!

ZIGGY 🐾

#17 나의 미래?
하고 싶은 게 있어!

남매인 로만느와 뤼카는 싸우지 않을 때는 죽이 잘 맞아요.

시간이 지날수록, 점점 자라날수록, 둘 사이는 더 가까워졌어요.

싸울 때도 있지만 두 사람은 서로에게 속 이야기를 털어놓는 친한 친구 같은 사이에요.

저는 이런 부드러운 감정을 잘 알아요. 제 누나 숀과 저도 그렇거든요.

형제자매는 서로의 미래에 대해서도 함께 생각해요.

로만느, 너는 커서 뭐가 될 거야? 뤼카, 나중에 뭐가 되고 싶어? 두 사람은 해 질 무렵, 테라스에 놓인 벤치에 누워 서로 질문을 던져요.

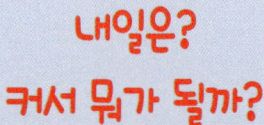

내일은?
커서 뭐가 될까?

"고양이는 자신이 원할 때 원하는 것을 한다.
우리는 거기에 전혀 개입할 수 없다."
_프랭크 퍼킨스 Frank Perkins

"나에게 있어 가장 활발하게 움직이는 것은 상상력이다."
_가필드

로만느가 물었어요.

"뤼카, 넌 나중에 되고 싶은 게 있어?"

"아직은 잘 모르겠어. 생각 중이야……. 전에는 소방관이 되고 싶었는데……. 지금은 요리사가 되고 싶어. 훌륭한 요리사들이 나오는 티브이 프로그램 봤어? 나도 그 사람들처럼 되고 싶어."

"농담이지?"

"아냐, 진심이야! 나도 나중에 미슐랭 스타 레스토랑을 열고 싶어."

"꿈 깨! 넌 잘해 봐야 케밥이나 맥주 따위를 팔거야!"

제가 끼어들 때인 것 같네요.

"안녕, 얘들아! 무슨 일 있니?"

"안녕, 고양이! 뤼카가 티브이에 나온 요리사들처럼 되고 싶다고 이야기하는 중이었어! 정말 웃기지도 않아!"

"왜?"

"그런 요리사가 되려면 프랑스에서는 50대는 되어야 해. 그 전까지는 계속 스테이크만 구워야 할 거라고!"

"그럼 넌? 넌 나중에 뭐가 되고 싶은데?"

"난 수의사가 될 거야. 난 동물 좋아하거든. 뚱보야, 이리 와, 안아 줄게!"

로만느는 저를 품에 안았어요.

"수의사? 멋지다, 그거! 음…… 너 말이야. 고양이에 대해 잘 알아? 다른 동물들은?"

"이제 배워야지. 다른 사람들처럼. 수의사 공부할 때."

"그래, 뤼카도 마찬가지야. 요리사 공부하면서 배우는 거지."

뤼카가 나섰어요.

"맞아, 알았냐!"

로만느가 말했어요.

"좋아, 그래도 요리사는……."

뤼카가 소리쳤어요.

"훌륭한 요리사라고!"

로만느가 무릎 위에 저를 올려놓고 쓰다듬는 동안 제가 말했어요.

"그래, 될 수 있어, 뤼카. 훌륭한 요리사! 열심히 노력한다면. 이건 비밀인데 하고 싶어 하고 꿈꾸는 것만으로는 충분하지 않아. 꿈을 꿔도 아주 크게 꿔야 해!"

"아마도……."

뤼카가 물었어요.

"넌 수의사가 되는 건 훨씬 간단할 거라고 생각하는 거야?"

제가 다시 끼어들었어요.

"로만느, 뤼카 말이 맞아. 수의사 공부는 오래 걸리고 수의사가

되려는 사람도 많겠지. 그 분야는 경쟁도 치열할 거야. 하지만 넌 운이 좋아."

로만느와 뤼카가 동시에 물었어요.

"무슨 소리야?"

"너희는 둘이잖아. 서로의 계획과 바람을 도와주고 지지해 줄 수 있겠지. 목표를 이룰 때까지 서로를 믿어 줄 수 있고……. 언젠가는 너희 둘이 함께였던 게 얼마나 큰 힘이었는지 깨닫게 될 날이 올 거야. 당장 상대방의 계획이나 꿈을 비방하는 건 그만둬. 그리고 너희의 생각을 서로 나누다 보면 언젠가는 산도 옮길 수 있을 거야."

로만느가 말했어요.

"정말 그렇게 생각해?"

"게임 하나 할까? 교차 시험 같은 거야. 로만느, 너는 뤼카의 계획에 도움이 될 만한 아이디어를 생각하고. 뤼카, 너도 마찬가지로 로만느에게 도움이 될 만한 걸 찾아보는 거야. 그럼 이야기해 봐. 뤼카?"

"어원이 일주일 동안 동물 병원에서 고3 실습을 했어. 수술할 때 몇 번 참관도 했대. 방학 동안 로만느도 그런 실습 나가면 어떨까?"

"그거 괜찮다. 직업 탐험! 자, 로만느. 뤼카는 뭘 하면 좋을 것 같아?"

"집에서 연습할 수 있잖아! 그래, 일요일마다 식단을 짜서 준비하는 거야!"

뤼카가 말했어요.

"정말?"

"그럼! 주중에는 메뉴를 짜고, 토요일에는 장을 보고, 일요일에 요리하는 거야. 만들어서 다 같이 먹고!"

뤼카가 말했어요.

"그래. 진짜 멋진 계획이다……."

"조리법도 잘 적어 두었다가 나중에 책도 만드는 거야. 책 제목은 '뤼카의 맛의 비밀!'"

"멋져! 네가 먹어 보고 평가해 줄래?"

저는 두 사람이 깨닫지 못하는 사이에 슬쩍 빠져나왔어요. 이제 꿈의 기계가 돌아가기 시작한 것 같죠?

로만느와 뤼카는 **자신들의 꿈을 좇으며 가는 길에,** 서로를 믿으며 지지해 줄 거예요. 앞으로 다른 만남도 생기고, 새로운 것들을 발견하겠지만 두 사람은 계속 꿈을 키워 가며 꿈에 한 발짝씩 다가갈 거예요.

내일을 꿈꾸는 것, 모든 게 가능하다고 믿는 것은 미래를 만들어 가는 일이에요.

고양이를 보고 배워요!

고양이는 가장 중요한 것에 집중해요.
고양이는 자신이 원하는 것을 알고 그것을 향해 곧장 직진해요.

남들이 뭐라고 하든
여러분은 계속 꿈꾸고
자신의 꿈을 믿을 권리가 있어요.
여러분의 길을, 여러분의 바람을 추구하는 걸
막을 수 있는 사람은 아무도 없어요.
지금 여러분이 좋아하는 것은
평생 여러분의 선택에
영향을 미칠 거예요.
자신이 원하는 것을 알고
자신의 길을 추구하고
자신이 원하는 일을 하는 것은
성공을 향해 이미
반쯤 길을 지나온 것과 마찬가지예요.
하지만 아무거나 성공할 수 있는 건 아니에요.
자신이 행복할 수 있는 길,
남은 평생 기분 좋아질 수 있는 길을
따라가세요.
마음의 소리를 따라가세요.

커서 뭐가 될래?
고양이와의 대화!

나의 미래는?

🐾 나중에 뭘 하고 싶어요? 어떤 직업을 갖고 싶어요? 여러 가지가 떠오르나요?

....

🐾 여러분이 하고 싶은 것을 전부 적어 보세요. 할 수 있을 것 같은 일이든 불가능할 것 같은 일이든 상관없어요.

....

....

🐾 여러분이 되고 싶은 것, 갖고 싶은 직업에 관한 정보를 주고 도와줄 수 있는 사람은 주변에 누가 있나요?

....

....

🐾 그 직업을 갖고 싶은 이유가 무엇인가요?

....

🐾 갖고 싶은 직업이 있는데 불가능하다고 느끼나요? 무슨 이유에서죠? 그 이유를 써보세요. 해결책을 찾을 수 있나요? 어떻게요?

....
....
....

🐾 여러분이 되고 싶은 것과 하고 싶은 일을 두 줄로 나누어 써 보세요. 그런 다음 관련 있는 것, 함께할 수 있는 것끼리 이어 보세요.

....	....
....	....
....	....

우리는 모두 꿈을 갖고 있어요. 때로는 비밀에 부치기도 하지만요……. 그 꿈을 현실로 만들 수 있을까요? 꿈을 실현하기 위해 뭘 할 수 있을까요? 깊이 고민해 봐야겠죠?

#18 고양이처럼 사는 것?
고양이는 그럴 만한 가치가 있지!

마에가 여자인지 남자인지, 소년인지 소녀인지는 중요하지 않아요. 중요한 건 성장하는 존재라는 거예요.

성장한다는 건 쉬운 일이 아니에요. 어린이든 청소년이든, 여자든 남자든 자신감 있는 존재로 성장하고 피어나야 하지만 모두가 같은 기회를 갖고 있지 않아요.

마에는 때로는 좋은 환경에서 태어나지 않았다는 생각, 혹은 자신이 가족에 속하지 않는다는 생각에 사로잡힐 때가 있어요.

때때로 마에는 현재 자신의 모습이 너무나 부족하게 느껴져요.

아마도 내일은 달라지지 않을까. 다른 마을로 이사 가면 달라지지 않을까. 파리든 런던이든 어디든 가면 되지…….

마에는 매일 잠들기 전에 어디론가 훌쩍 떠나는 꿈을 꿔요.

나중에 그런 날이 올 수도 있겠죠. 하지만 그렇더라도 오늘을 열심히 살아가야 해요.

어느 날 저녁, 지기가 다가올지 몰라요……

> "고양이들은 지극히 개인적인 동물이다.
> 자신의 집사를 포함해 모든 것에 자신만의 견해를 갖고 있다."
> _존 딩맨 John Dingman

저는 한 번도 마에를 찾아간 적이 없었어요. 다른 친구들보다 훨씬 어린 마에는 나이에 비해서 많이 성숙해요. 저에 관한 소문을 들은 마에는 한숨을 내쉬며 제가 자신의 창문을 두드리러 오는 날을 기다렸어요. 너무 큰 기대는 하지 않은 채로요.

현실의 삶을 열심히 살아야 할까요, 아니면 상상 속에서 살아야 할까요? 자신의 삶을 꿈꿔야 할까요? 아니면 자신의 꿈을 살아가야 할까요?

마에가 부르는 소리가 들리는 것 같았어요.

"안녕, 마에!"

"지기? 정말 너야? 정말 네가 온 거야?"

"아! 그래, 맞아. 하지만 내 목소리가 들리는 건 네가 나를 믿기 때문이야."

"그럼 날 도와줄 수 있어?"

"뭘 도와줘?"

"여기서 멀리 떨어진 곳으로 가게 해 줘."

"왜?"

"여긴 내가 있을 곳이 아닌 것 같아······. 모르겠어······. 그냥 그래······. 어쩌다 여기 잘못 오게 된 것 같아."

"정말? 그럼 넌 우연을 믿지 않아? 우연의 대단한 법칙도?"

"무슨 법칙?"

"인생에서 만나는 모든 것이 언젠가는 너에게 유용하게 쓰일 때가 있을 거라는 법칙 말이야. 오늘 당장은 별 의미가 없어 보일지라도······."

"정말로 모든 게 쓸모 있다고 생각해? 내가 이 작은 도시에서 태어난 것도 무슨 이유가 있는 걸까?"

"그래, 마에, 그건 확실해. 나중에 네가 다른 곳에서 공부하고 직업을 가질 수도 있겠지. 하지만 너는 이곳을 기억할 거고 네가 이곳에서 배운 것, 경험한 것을 모두 추억으로 가져가겠지. 그러니 매 순간 충실히 사는 법을 배워야 해."

"나는 자라면 아주 멀리 떨어진 곳으로 가고 싶어. 여행도 하고, 여러 나라, 전 세계를 돌아다니고 싶어."

"걱정할 것 없어. 그게 정말 네가 바라는 거라면, 삶의 우연과 만남이 널 그리로 인도해 줄 테니까. 나도 벌써 여섯 도시, 세 집, 도심 아파트 두 곳, 배, 프랑스 구석구석을 거치며 살다가 햇볕 쨍쨍한 이곳으로 오게 된 거야. 대부분의 다른 고양이 친구들과는 아주 다른 삶을 살았지."

"나도 그렇게 여행하고 싶어."

"여행은 정신을 풍요롭게 하지. 하지만 빨리 적응하는 법을 알아야 해. 새로운 환경, 새로운 만남……. 너도 앞으로 살아가면서

그런 일들을 경험할 거야."

"그런 일은 나한텐 절대로 일어나지 않을 것 같아……."

"그런 일이 일어나게 하려면 고양이처럼 사는 법을 배워야 해."

"무슨 뜻이야?"

"현재 너의 삶을 충실히 살면서 즐길 줄 알아야 해. 여긴 정말 천국 같은 곳이야. 여기서 빨리 벗어날 생각만 하지 말고. 바다와 우정과 태양을 즐겨 봐……. 분명 나중에 그런 것들이 그리워서 다시 돌아오게 될 거야."

"정말? 그렇게 생각해?"

"인간들은 종종 이렇게 이야기하지. '우리는 항상 다른 곳의 잔디가 더 푸를 거라고 생각한다.' 인간들이 한 말 중에 그나마 이건 기억해 둘 만한 말 같아. 무슨 뜻인지 이해가 가?"

"응, 대충……. 생각해 볼게."

"우리 고양이들은 하고 싶은 게 있으면 그것만 하면서 살아. 우리는 우리의 안녕과 행복만을 목표로 삼아 매일매일을 살아가지. 하지만 우리는 바로 여기, 지금, 우리가 있는 이곳, 현재 안에서 목표를 추구하며 살아."

"미래는? 미래에 대해서는 생각 안 해?"

"물론, 네 말도 맞아. 자신의 꿈과 바람에 대해서도 고려하고 생각해야지. 하지만 계속 미래에 대한 생각만 하면 결국에는 행복하지 못하게 돼. 그건 자신에게 주어진 인생의 즐거움과 일상의 소소한 행복들을 옆으로 제쳐 두는 일이니까."

마에는 생각에 잠겼어요.

"말해 봐, 마에, 너 비밀 일기 쓰고 있어?"

"아니, 그건 왜?"

"그럼 내가 작은 제안을 한 가지 할게. 비밀이 아닌 일기를 쓰는 거야. 하지만 네 생활에 관한 일기야. 여행하듯이 일기를 쓰는 거야."

"어떻게?"

"매일 일기를 두 부분으로 나눠서 쓰는 거지. 한 부분은 미래의 네 꿈에 대해, 다른 한 부분은 하루 동안 네가 경험했던 좋았던 순간들에 관해 쓰는 거야."

"추억으로 남기기 위해서?"

"그래. 내일을 꿈꾸는 동시에 현재의 너의 삶에 충실할 수 있도록 말이야. 몇 년 후에 다른 곳으로 멀리 가서 살게 됐을 때, 다시 읽어 보면 재미있을 거야."

"그거 좋은 생각이다. 당장 시작해야겠어! 고마워, 지기!"

현재의 삶에 관해 일기를 쓰는 것은 자신의 삶을 기록하는 일이에요. 현실에서 현재를 낚아 올리고 미래를 창조하세요.

고양이처럼 사는 것은 현재를 걷고, 오늘을 충실히 살면서 미래를 보는 거예요.

때때로 저는 젊었을 때로 돌아가고 싶다는 생각을 해요. 그 시절은 미처 발견하지 못한 경이로움으로 가득하다는 사실을 알고 있으니까요!

고양이를 보고 배워요!

그래서 고양이처럼 살까? 말까?

여러분은 어느 날 저녁,
지기가 찾아와 창문을 두드리면
어떻게 할 건가요?
지기에게 문을 열어 줄 건가요?
지기가 하는 귀엣말에
귀 기울일 건가요?
고양이처럼 산다는 건
평온한 삶 속에서
인생의 마법이 일어날 거라고
믿는 거예요.
매 순간 일어나는 이 마법은
평생에 걸쳐
여러분에게 지식을 알려 주고
행복한 경험을 하게 해 줘요.
어른들은 이제는
마법을 믿지 않으니까
참 애석한 일이죠!
마법이요? 고양이의 마법?
인생의 마법? 마법을 일으키고 싶다면
매일 아침 함박웃음을 머금고
침대에서 일어나 보세요.

어느 날 저녁, 지기가 오면…….

고양이와의 대화!

고양이처럼 행동하고 성장하라고?

🐾 여러분은 매일 자신에게 어떤 질문을 하나요? 여러분의 미래를 위해서는 어떤 질문을 하나요?

....

🐾 학교 바깥에서 매일 새로운 것을 배우는 것에 대해 어떻게 생각하나요? 아주 간단한 단어라도요! 1년이면 365가지 새로운 것을 배울 수 있어요!

....

🐾 현재 여러분 자신에 대해 어떻게 생각하나요? 여러분의 미래 모습은 어떨 것 같나요?

....

🐾 여러분의 바람이 현실이 되게 하려면 무엇을 해야 할까요? 가장 작은 바람부터 큰 꿈에 이르기까지, 꿈을 개발하기 위해 무엇을 할 수 있을까요?

....

🐾 행복하게 살기 위해, 미래의 행복을 만들어 가기 위해 자기 자신에게 어떤 약속을 할 수 있을까요?

....

오늘 당장 행동으로 옮기세요.
고양이처럼 행동하고 성장하세요. 여러분 인생의 영웅이 되세요!

ZIGGY 🐾

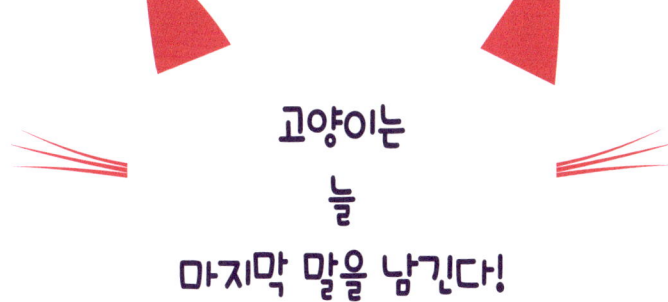

고양이는 늘 마지막 말을 남긴다!

아이들은 광장 잔디밭에 앉아 즐겁게 웃으며 이야기를 나누고 있었어요. 항상 중요한 이야기를 하는 건 아니에요. 마지막으로 전할 메시지가 있냐고요? 저의 마지막 임무는 뭐냐고요?

"안녕, 얘들아?"

"안녕 지기!"

"그래서?"

마트가 물었어요.

"그래서 뭐?"

"이제 너희 모두 잘 지내는 거지? 아무 문제 없이?"

레아가 대답했어요.

"응, 너는?"

"그럼, 잘 지내지! 그런데 이제 여기를 떠나서 당분간 파리에 머물 것 같아. 그다지 기쁘지만은 않다만……."

도리앙이 말했어요.

"뭐! 네가 없으면 난 어떡하라고!"

다른 아이들이 도리앙을 보고 저를 쳐다봤어요. 제가 아이들에게 말했어요.

"뭐야? 너희들 내가 한 명씩 다 찾아갔던 거 아직 모르는 거야?"

"루이즈한테 간 건 알았지. 축구 때문에 네가 우리를 찾아왔으니까…….."

"세상에, 그럼 너희들 서로에게 아무 말도 하지 않은 모양이네……. 서로 이야기를 공유해야지."

사랑에 빠진 클라라가 말했어요.

"그건 좀 개인적인 이야기니까."

"고양이처럼 행동한다는 것에는 뭔가를 배우고 성장했으면 자기가 아는 것을 함께 나누고 전하는 것도 포함되는 거야."

플로리앙이 말했어요.

"그게 항상 쉬운 건 아냐."

"작은 비밀까지 포함해서 너희가 아는 것, 살면서 경험한 것들을 교환하고 나누는 게 좋아. 살아가는 데 유용한 점들은 가깝게 지내는 사람들이 알려 주기 전에는 알 수가 없어."

그레그가 물었어요.

"그럼 모두 서로에게 말해야 하는 거야?"

"사랑하는 사람, 친구들에게 도움이 될 만한 것이라면. 자신감을 갖고 서로 배운 걸 나눠 봐. 너희 인생을 만들어 가는 과정이 훨씬 풍요로워질 거야. 서로의 경험을 나누면서 문제를 해결하고 극복할 수 있으니까 좋지 않겠니?"

아이들은 약간 거북스러워 하며 미소 짓고 있었어요. 그때 플로리앙이 말했어요.

"부모님이 토요일마다 나한테 보모를 붙여 두는 걸 그만두게 만든 이야기를 들려줄게."

릴리가 관심을 보이며 말했어요.

"어서 말해 봐!"

플로리앙이 대답했어요.

"내가 부모님께 믿음을 심어 줬지."

저는 속으로 미소를 지었어요.

"좋아, 그럼 난 이제 가야겠다. 떠나기 전에 그냥 너희한테 인사하려고 들른 거야."

바바스가 물었어요.

"언제 출발하는데?"

"오늘 저녁."

테오가 소리쳤어요.

"그렇게 일찍? 더 일찍 알려 줬어야지!"

"뭐하러? 이제 너희는 나 없이도 잘 해 나갈 텐데……. 너희가 고양이의 마법을 믿는다면 고양이가 부린 마법은 절대 그대로 사라지지 않을 거야. 난 너희가 날 필요로 하면 언제든 너희 곁에 곁에 있을 거야. 우린 계속 이어져 있으니까. 내가 다시 돌아왔을 때, 어른이 되어 가는 너희를 다시 만났을 땐, 모두 멋진 사람이 되어 있길 바라. 안녕, 친구들."

"안녕, 지기……. 고마웠어!"

모두 저를 쓰다듬고 뽀뽀를 퍼부었어요.

사랑을 받고 싶다면 존재하고, 베푸는 것으로 충분해요. 그러면서 마법이 통하길 기다려 봐요.

모두 그리울 거예요.

저의 바람은…….

여러분이 인생길을 걸으며 성장하고 멀어지는 모습을 보면서 자크 브렐Jacques Brel의 노랫말처럼 제 마음을 전하고 싶어요. '저의 바람은…….'

여러분의 삶에 행복의 샘이 솟아나기를, 삶의 매 순간에 기쁨과 환한 웃음이 쏟아지기를.

여러분의 삶에 번민이 없기를, 만사에 희망을 가지기를.

꿈을 실현하기를, 아직은 확신 없는 꿈일지라도.

살면서 사랑을 만나기를, 그 사랑이 오래 지속되고 활짝 꽃피울 수 있게 최선을 다하기를.

분노를 담아 두지 말고 용서할 줄 알기를, 그를 통해 성장하기를.

폭풍우가 몰아칠 때 침착해질 줄 알기를, 폭풍과 파도가 몰아쳐도 배의 키를 단단히 붙잡고 시련을 이겨낼 수 있기를.

많은 경험을 발견하고 쌓으며 풍요로운 사람이 되기를.

공부하는 법을 배우고, 사는 법을 배우면서도 즐기기를 잊지 말기를.

길고 아름다운 우정을 간직하기를. 몇 년 후 우정은 여러분의 삶의 증표가 될 것이므로.

여러분이 사랑하는 모든 것을 실현하기를, 자신의 길을 지키고 자신이 어디에서 왔는지 잊지 말기를.

호기심을 잃지 말고 모든 것에 감동하고 감사할 줄 알기를.

아직 여러분이 경험하고 있는 어린 시절의 일부를 잊지 말기를. 어린 시절은 미래의 여러분에게 가장 소중한 추억이 될 것이므로.

가장 바라 마지않기로는 앞으로 절대 자신감을 잃지 말기를.

어린이, 청소년, 그리고 미래의 어른이 될 여러분, 사랑합니다. 어떤 어른이 될지 아직은 모르지만 여러분은 분명 더 나은 사람이 될 거예요. 여러분은 우리의 미래니까요.

누구도 완벽하진 않지만 우리는 누구나 평생에 걸쳐 변화하고 성장할 수 있어요.

고양이처럼요!

ZIGGY

🐾 추신: 하고 싶은 질문이나 충고가 있으면 제 말을 열심히 받아 적어 준 스테판에게 이메일을 보내세요.

sg@stephanegarnier.com

www.stephanegarnier.com

https://www.facebook.com/agiretpensercommeunchat/

고양이 지기의 행복한 비밀상담소

초판 1쇄 인쇄 2020년 10월 20일
초판 1쇄 발행 2020년 10월 27일

지은이 스테판 가르니에
옮긴이 양진성
펴낸이 박경준

편 집 박은영
디자인 김보영
마케팅 최문섭 김선영

펴낸곳 미래타임즈
주소 경기도 고양시 일산동구 장진천길 22-71
전화 031-975-4353 **팩스** 031-975-4354
메일 thanks@miraetimes.net
출판등록 2001년 7월 2일 (제2001-000321호)

ISBN 978-89-6578-177-6 (73190)
파본은 본사나 구입한 서점에서 교환하여 드립니다.
이 책은 저작권법에 의하여 보호를 받는 저작물이므로 무단 전재와 복제를 금합니다.

이 도서의 국립중앙도서관 출판예정도서목록(CIP)은 서지정보유통지원시스템 홈페이지(http://seoji.nl.go.kr)와 국가자료종합목록 구축시스템(http://kolis-net.nl.go.kr)에서 이용하실 수 있습니다. (CIP제어번호 : CIP2020039546)